全国高等职业院校营销管理专业改革创新示范教材

市场营销实务

主 编 张 瑛

中国商业出版社

图书在版编目(CIP)数据

市场营销实务/张瑛主编. —北京:中国商业出版社,
2019.2
ISBN 978-7-5208-0637-4

Ⅰ.①市… Ⅱ.①张… Ⅲ.①市场营销学-教材
Ⅳ.①F713.50

中国版本图书馆 CIP 数据核字(2019)第 012986 号

责任编辑:蔡 凯

中国商业出版社出版发行
010-63180647 www.c-cbook.com
(100053 北京广安门内报国寺1号)
新华书店经销
涿州市荣升新创印刷有限公司印刷

*

787×1092 毫米 1/16 开 13 印张 260 千字
2019 年 2 月第 1 版 2019 年 2 月第 1 次印刷
定价:45.00 元

* * *

(如有印装质量问题可更换)

前　言

《市场营销实务》教材是一部打通市场营销"理论—实践—操作"环节的教材。市场营销学是一门理论和实践联系非常紧密的学科，市场营销人才培养也是一个循序渐进的过程，高水平的市场营销人才既可以高屋建瓴进行营销战略规划和设计，也可以具有滴水看海的本领。新时代对市场营销人才提出更高要求，因为在日益激烈的市场竞争中，营销队伍担负着开疆辟土、保企护市的重任，企业对营销人才的渴求已上升到事业荣辱兴衰的高度。

高等职业教育应该紧跟时代需求，积极探索行之有效的培养方式和课程内容。高水平市场营销技能人才的培养行之不易，需要不断深入学习和反复训练，其中领悟理论和实践的关系，掌握关键技术是学习成败的关键。理论教学由上而下，技能训练从低到高，两种方法虽说培养模式迥然，但效果殊途同归，这也是对传统课程的一种教学改革。相比较以往的传统教材，本版教材具有以下特点。

一、三部式结构，突出"理论—实践—操作"的关系

理论内容来自市场营销专业的各门课程，是对特定理论体系的诠释和原理解释；实践内容来自对实践经验的总结和行业历史演变，是对行业实践发展经历的解读；操作部分来自行业内的典型应用案例，是对学习者的工作要求。三部分内容互有关联，相互补充递进，方便学习者把握三者的关系，利于融会贯通。

二、渐进式组织教材内容，与职业晋级要求无缝对接

以营销职业群岗位工作职责为主线，设计内容编写顺序，职业发展的特点是"职业萌芽始于正确的职业认知和端正的职业态度，专业技能的锻造是从完成基础的简单任务，往完成复杂的综合管理任务过渡"，采取这样的编写顺序符合职

业发展的规律，由浅入深，循序渐进，便于学生接受。

三、典型任务设计，与行业内名企要求同步

利用校企合作资源，收集商贸流通行业著名企业的工作案例，按照固定模板设计操作案例；操作目标明确，以提问的形式，让学生回答"是什么"和"怎么做"，来明确操作学习目标；操作任务清晰，以固定模板和操作步骤规范学习者的操作动作；观摩案例水平较高，节选了著名企业和业内高水平人员的操作演示案例。

四、创新技能水平评价，为水平提高树立标杆

技能操作中要用到一些核心操作技术，这些核心操作技术使用频率高，对工作的完成成果起到至关重要的作用，操作案例中采用了很多量化指标来评价技能水平的高低和工作产出的绩效，这些指标的引入好比为技能水平的高低树立了一个标杆，学习者可以参照这些指标来判断自己的技能水平，让水平提升能够被"看到"。

《市场营销实务》教材由张瑛担任主编，负责总撰稿。具体参与编写情况如下：第一章由卢生奇编写；第二章由高红艳编写；第三章由范儒林编写；其他内容由张瑛编写。

教材的出版见证了一项课程改革，职业教育自其诞生之日，就注定在变革中发展和生存。由于编者水平所限，不足之处请各位同人指正。希望我们的改革尝试能对市场营销专业教学改革起到有益的推动作用。

本教材主要适用于高职院校市场营销专业和其他专业的市场营销课程师生使用，也适用于本科院校非营销专业的营销课程师生使用。

编者

2019 年 2 月

目 录

第一篇 实务理论

第一章 营销实务理论概述 (3)
1.1 营销实务理论课程的教学任务与作用 (3)
1.2 营销理论与营销实务的关系 (4)

第二章 商业及市场营销理论基础 (7)
2.1 商业现象综述 (7)
2.2 国民经济中的商贸行业 (10)
2.3 市场营销理论的作用及特征 (14)

第三章 营销从业者综合素质基础 (17)
3.1 职业概述 (17)
3.2 营销界的职业精神 (18)
3.3 营销职业生涯规划与路径 (20)
3.4 团队的概念与作用 (24)

第四章 销售顾问基础知识综述 (27)
4.1 视觉营销与品牌设计 (27)
4.2 陈列设计与商品美学 (29)
4.3 商品演示与消费者心理 (32)
4.4 推销话术理论 (35)
4.5 销售进销存管理实务 (38)
4.6 客户关系管理与售后服务 (41)

第五章 柜长(店长)基础知识综述 (44)
5.1 营销计划与销售计划 (44)
5.2 市场竞争情报 (46)

5.3 促销策划 …………………………………………………………………………… (49)
5.4 销售分析 …………………………………………………………………………… (51)

第二篇 实务实践

第六章 营销实践概述 …………………………………………………………… (57)
6.1 营销实务实践部分的教学任务与作用 …………………………………………… (57)
6.2 营销理论与营销实践的关系 ……………………………………………………… (58)

第七章 商业及市场营销活动基础 ………………………………………………… (60)
7.1 商业活动综述 ……………………………………………………………………… (60)
7.2 国民经济中的商贸流通行业 ……………………………………………………… (63)
7.3 市场营销理论的作用及特征 ……………………………………………………… (72)

第八章 营销综合素质实训 ………………………………………………………… (75)
8.1 职业概述 …………………………………………………………………………… (75)
8.2 市场营销从业者的职业精神 ……………………………………………………… (77)
8.3 营销职业生涯规划与路径 ………………………………………………………… (82)
8.4 高效团队的特征 …………………………………………………………………… (85)

第九章 销售顾问综合业务实务 …………………………………………………… (88)
9.1 视觉营销与品牌设计 ……………………………………………………………… (88)
9.2 陈列设计与销售 …………………………………………………………………… (91)
9.3 商品演示与消费者心理实务 ……………………………………………………… (96)
9.4 推销话术实务 ……………………………………………………………………… (98)
9.5 商业流程与销售流程实务 ………………………………………………………… (102)
9.6 客户关系管理与售后服务 ………………………………………………………… (105)

第十章 柜长(店长)基础知识综述 ……………………………………………… (112)
10.1 编制短期营销(销售)计划 ……………………………………………………… (112)
10.2 市场竞争情报 …………………………………………………………………… (116)
10.3 促销策划 ………………………………………………………………………… (120)
10.4 销售分析 ………………………………………………………………………… (126)

第三篇 实务实训

第十一章 营销工作认知类实训项目 (135)
11.1 商街实务 (135)
11.2 市场认知 (141)
11.3 岗位体验 (145)

第十二章 营销素质拓展类实训项目 (150)
12.1 孤岛求生 (150)
12.2 "杀人游戏" (156)

第十三章 销售顾问岗位实训项目 (160)
13.1 视觉营销技能实训 (160)
13.2 品牌专柜陈列技能实训 (164)
13.3 商品演示技能实训 (167)
13.4 销售话术设计技能实训 (170)
13.5 销售业务技能实训 (173)
13.6 售后服务技能实训 (176)

第十四章 柜长(店长)岗位实训项目 (182)
14.1 销售计划编制技能实训 (182)
14.2 情报收集 (185)
14.3 促销活动布置技能实训 (191)
14.4 销售分析技能实训 (194)

第一篇 实务理论

第一章 营销实务理论概述

1.1 营销实务理论课程的教学任务与作用

"营销实务"课程是市场营销专业中的一门综合实践课程,其承担的教学任务是对专业学生进行目标岗位关键技能的培训,商科类职业教育的本质决定了职业院校教学无论从课程设置还是教学内容选取都要力求和行业的实际需求接轨,甚至是无缝对接。商科类的市场营销专业涉猎行业众多,不同企业对从业者的要求也千差万别,结合对市场营销理论的理解和对目标行业中主流企业对从业者的要求,我们认为,要给学生在校期间搭建这样一条桥梁,让学生能够体验理论与实际的融合过程,并给其提供较多的选择机会和练习机会,这就是这门课程承担的主要任务。"营销实务"课程的理论内容主要来自市场营销专业的各门学科课程,是对特定操作技能的诠释和原理解释;实践内容来自对实践经验的总结和创新,是对特定操作技能操作标准的规定。这两大部分对营销工作实践操作给予指导和解释。学习市场营销理论并能将其很好地应用于实践,是市场营销专业教学的重要目标。而要实现这一目标,一本能够将理论与实践有机结合的教材将起到至关重要的作用。

在总结多年教学实践经验的基础上,本教材在编写内容和结构安排上进行了大胆的创新,打破了传统教材按章节编排的惯例,将原有市场营销知识体系按照基础理论知识(应知)和操作实务(应会)两条主线进行重新编排,使学生在学习理论知识的同时,更清楚地知道自己应掌握的实战技能。具体特点如下。

1. 在教材内容编排方面，除第一、二章以外，均按如下顺序安排每一章的内容。

学习目标：以提问的形式，让学生回答"是什么"和"怎么做"，来明确知识与技能的学习目标。

导入案例：通过案例的阅读，使学生对本章的学习内容有一个初步的感性认识。

基础知识：市场营销的基础理论知识，回答"是什么"的问题。

操作实务：市场营销的基本操作技能，回答"怎么做"的问题。

实战观摩：所选实战案例有很强的示范性和可借鉴性，给学生以启发。

实战分析：通过对实战案例的分析讨论，提高学生分析问题和解决问题的能力。

实战训练：要求学生模仿各章中的案例进行练习，以提高学生的实际应用能力。

2. 在教材内容选择上，我们遵循这样的原则：理论知识以深度适中、解释够用为度。

实践知识以可衡量的操作标准为主；案例选择尽可能选择最新的案例，以适应当前的市场经济发展形势。努力做到看了能懂，懂了可学，学了可用，从而达到理论与实际应用相结合的目的。

希望我们的改革尝试能对创建具有内蒙古商贸特色的市场营销课程教学改革起到有益的推动作用。

本教材主要适用于高职院校市场营销专业和其他专业的市场营销课程师生使用，也适用于本科院校非营销专业的营销课程师生使用。

1.2 营销理论与营销实务的关系

市场营销的理论众多，很多内容被编辑到了其所属的教材之中，而且分析、管理、策划工具也纷繁复杂，如何把原来背景各异、所属不同流派的观念和观点整合到本书中为我所用呢？这是本书在编辑过程中的主要任务之一。

一、理论部分节选的原则

1. 一体化原则

即本教材中选用到的理论和本专业其他课程的教学内容一致，不会混淆学生视听，反而会起到强化学生记忆和熟悉的作用。

2. 针对性原则

依据本专业学生的人才培养方案要求，市场营销专业学生的目标行业是商贸流通类，包括快消类商品营销和服务贸易行业营销两大领域，在各章节的教学内容设计过程中，理论的选择要和上述行业特点吻合，保持一致。

3. 先进性原则

随着中国市场经济发展的深入和全球市场一体化进程的加快，互联网与跨境电商逐渐显现出其独特的优势，传统的市场信息分析手段也正在被大数据分析所替代，所以为了迎合当代的营销功能转变，本部分尽可能引入一些现代化的全新理论。

二、理论部分论述特点

理论部分的论述课时量占比不大，累计约占总课时的20%，讲授时以概念回顾和外延讲解为主，其主要作用是配合本部分内容实践和实操的顺利实施，并能确保每个章节保持由理论到实践再到操作的教学过程的完整性。

三、理论部分与本教材其他内容的关系

（一）理论部分与实践部分的关系

1. 相辅相成的关系：理论部分主要讲述营销原理的内容，实践部分讲述和本理论相关的社会实际状况。

2. 论点与论据的关系：理论部分是论点，实践部分提供在真实社会中的论据支持，能帮助学生清晰认识理论内容在现实社会中的应用现状。

3. 由浅入深的梯度理解关系：理论学习停留在面上，实践学习可以进入实务的本质，使学习者实现对某一理论由表及里的学习过程。

（二）理论部分与实训部分的关系

1. 相辅相成的关系：理论部分主要讲述营销原理的内容，实训部分需要按照这一

理论的指导去实际操作。

2. 目标与路径的关系：理论是目标，为在实训中学习的学生指明方法，理论是方法的指引者，虽说条条大路通罗马，但是大目标不能错。

3. 总结与提升的关系：学生通过动手动脑实训，能不断总结自己的理解过程，加深对理论的理解。

第二章 商业及市场营销理论基础

2.1 商业现象综述

一、商品流通及其作用

（一）商品流通的概念

商品流通是指商品或服务从生产领域向消费领域的转移过程；是以货币为媒介的商品交换过程，它与生产过程一起共同构成社会再生产过程的有机整体并保证其连续进行和正常循环。

（二）商品流通的过程

商品流通的过程，是指商品从生产领域向消费领域运动的经济过程，而"交换"行为是这个过程的关键环节。"买""卖"是构成流通过程的重要商业活动。

（三）商品流通的作用

1. 制约生产

流通与生产的关系，表现为生产决定流通，流通反过来又会影响和制约生产。

2. 实现分配

流通对分配具有能动作用，表现为：分配的实现有赖于流通；流通的方式、规模和结构对分配的方式、数量及结构具有影响作用；流通能对分配结构产生调节作用。

3. 满足和引导消费

流通是消费实现的必要前提，流通能扩大消费的规模。

二、商品流通运行要素

（一）商流

在商品流通过程中，需要不断地完成由商品到货币和货币到商品的变化，这种变化既涉及商品价值形态的转换、商品所有权的转移，又涉及商品实体的位置移动。商品通过买卖活动而发生的价值形态变化和所有权的转移，叫作商品的价值转换，简称"商流"。

（二）物流

在商品流通过程中，商品实体在空间位置上的移动和在流通领域内的停滞，叫作商品的实体运动，简称"物流"。

（三）信息流

广义的信息流是指信息的产生、加工、储存和传递等过程，在现代信息社会里，信息流包括企业内部信息流和外部信息流，包括生产、流通、消费等不同领域的信息流以及纵向和横向信息流。

流通信息流是指流通过程中流通信息的产生、传递、储存和加工处理的过程。包括商流信息流和物流信息流。

（四）商流、物流和信息流的相互关系

1. 商流与物流的联系

在商品流通情况下，商流和物流都是商品流通必要的组成部分，是商品流通的两种不同的运动形式；商流和物流都是从供应者向需求者的运动，它们有相同的流向、相同的起点和终点；商流和物流在功能上是相互补充的，既分工又合作，共同完成流通的功能，通常情况下是商流发生之后，才发生物流。

2. 商流与物流的区别

物流是商品物质实体的流转，它能克服供需间的空间和时间距离，创造商品的空间效用和时间效用；而商流是商品社会实体的流转，它能克服供需间的社会距离，创造商品的所有权效用。

3. 商流、物流与信息流的关系

信息流产生于商流和物流活动中，并为商流和物流活动服务。信息流是商流和物流活动

的描述和记录，反映商流和物流的运动过程。它对商流和物流活动起指导和控制作用，并为商流和物流活动提供决策的依据。

三、商品流通的产生与发展

（一）社会分工与商品交换

社会分工：是指人类从事各种劳动的社会划分及其独立化、专业化。社会分工的不断深化，既是社会生产力发展、劳动生产率提高的必然结果，又对社会经济结构和人类交往、商品交换体系的深化产生着深刻的影响。

社会分工的发展产生了两个效果：一方面提高了劳动生产率，增进了每个部门、每个行业的规模经济和规模效益；另一方面也加深了不同部门、不同行业之间的相互依赖，促进了商品经济的产生。

商品交换：就是商品所有者按照等价交换的原则相互自愿让渡商品所有权的经济行为。

（二）商品交换的两个前提条件

要进行商品交换必须具备两个前提条件：一是社会分工，二是明晰的产权制度。社会分工一经产生，便立即导致了个人产品供给单一化和产品需要多样化之间的矛盾，于是在分工者之间便有了互为供给者和需求者的经济关系。因此，社会分工的存在为商品交换提供了前提和可能，没有社会分工就不会产生产品供给单一化与产品需要多样化的矛盾，从而也就不会有商品交换。

要维持正常的商品交换，交换双方必须相互承认对方是各自产品的所有者，即明晰的产权制度，并在平等互利、自愿让渡、等价交换的基础上进行交换，这是商品交换的第二个前提条件。对商品交换来说，两个条件同等重要，缺一不可。

（三）商品交换的三个发展阶段

从历史发展来看，商品交换经历了三个发展阶段，即物物交换、以货币为媒介的商品交换和以商业为媒介的商品交换。

1. 物物交换：商品—商品（W—W）：物物交换具有很大的局限性。首先，商品的价值无法得到充分、准确的表现，从而很难保证等价交换的进行；其次，交换双方必须彼此都需要对方的产品，否则交换就无法进行。这些局限性给交换带来了极大的不便，限制了商品交换的发展。

2. 以货币为媒介的商品交换：商品—货币—商品（W—G—W），也就是以货币为媒介的商品交换：以货币为媒介的商品交换形式的出现，是商品交换过程的革命，它解决了物物交换的困难，突破了交换的时空限制，商品交换的双方可以在不同时间、地点进行交换活动；它促进了横向经济联系，使商品交换的时空范围扩大了，为进一步发展商品生产和商品交换创造了条件。但是，以货币为媒介的商品交换也孕育着经济危机的可能性。

3. 以商业为媒介的商品交换：G—W—G，即以商人为媒介的商品交换：商人的出现，使原有的交换关系发生了新的变化，进一步扩大了商品交换的规模和空间范围，节约了生产者用于交换的时间和费用，促进了生产力的发展。

（四）商业的产生

在自然经济中，没有产品交换也能进行生产。再生产过程也就表现为生产过程与交换过程的统一。商品交换是再生产过程的一个不可缺少的条件和前提。但是，生产过程与交换过程又是相互矛盾的。这种矛盾主要表现在三个方面：时间上的矛盾；空间上的矛盾；技能上的矛盾。为了解决上述矛盾，就出现了新的社会分工，产生了一个专门从事交换，而不从事生产的"组织"。也就是说，商品交换已由"多数人的附带工作"变成了"少数人的专门工作"。这个"少数人的专门工作"就是商业。商业有广义与狭义之分。广义的商业是指所有以营利为目的的事业；狭义的商业是指专门从事商品交换活动的营利性事业。商业的产生，使商品生产者摆脱了很大一部分交换事务，"使社会的劳动力和劳动时间有更少一部分被束缚在这种非生产职能上"；"一个商人可以通过他的活动，为许多生产者缩短买卖时间"。

2.2 国民经济中的商贸行业

商贸流通行业是我国对商品流通行业的统称，也是第三产业的主要力量，更是商科类市场营销专业所重点服务的行业，熟悉商贸行业的一般理论内容，对准确把握行业特点，跟上行业发展的步伐有重要的作用。

一、流通业态的内涵与类型

（一）流通业态的概念

流通业态是指商品流通企业根据经营的产品重点不同和提供服务的差别，为满足不同层次的消费者需求而形成的不同的营业形态。业态竞争是流通企业利用业态的变化争夺市场、争夺消费者的行为。业态的变化能起到适应市场需求、吸引购买行为、扩大销售额的作用，因此业态成为流通企业竞争的工具。

需要说明的是，根据业态产生的原因和现实的运用情况来看，业态概念只适合表述和研究商业领域中的商品流通企业组织类型和经营方式，而不适合表述和研究工业、农业、科技等其他领域中的企业组织类型和经营方式。

（二）影响流通业态变化的主要因素

业态的变革是与社会经济的发展直接关联的，流通业态的产生、发展和变化是社会经济环境中各种因素的综合作用和系统反应，并且这些因素具有层次性和关联性。其中，对流通业态变化具有决定性作用的因素主要包括以下五个方面：

1. 经济发展水平和市场需求变化。
2. 人口流向和流量。
3. 销售技术和科技革命的发展。
4. 消费者生活方式和购物习惯的变化。
5. 竞争方式的改变和竞争程度的加剧。

（三）流通业态的类型

一般来说，流通业态的确定与企业经营的商品种类、企业规模和实力大小、周围市场环境以及企业投资者和经营者的目标市场等密切相关。流通业态主要包括批发、零售和连锁经营三种。

二、批发业态

（一）批发业态的定义

批发是指从生产商或其他经营者手中采购商品或服务，再将其提供给商业用户或者其他业务用户，供其转变、加工的大宗商品交易方式。

（二）批发业态的特征

1. 交易批量大。
2. 交易更加理性。
3. 商圈更大。
4. 交易关系稳定。
5. 交易过程中服务项目的专业化倾向日益明显。

（三）批发的职能与类型

在商品流通过程中，批发在制造商和用户之间起着中间人的作用，这就决定了批发在商品流通过程中具有以下职能。

1. 集散商品

集散商品是批发的首要职能，批发商可以从制造商那里批量进货，经过编配后再分批销售给零售商或其他产业用户，以满足制造商、零售商或其他产业用户的多品种、小批量购进商品的需要。

2. 调节需求

批发商通过大量囤货和有计划市场投放来实现供给和需求在空间和时间上的矛盾。

3. 节约成本

批发商的存在客观上可以起到节约商流费用和物流费用的作用，从而节约流通成本。

4. 信息传递

是生产者和零售商以及最终用户信息的传导者。

5. 流通加工

批发商在进行业务时，往往要对采购的商品进行包括分类、分级、分等、整理、编配、包装和初加工在内的流通加工，以增强商品可流通性，适应再销售者以及其他企事业用户的需求。

6. 流通金融

批发商给制造商的大量现金压货以及支持零售商的账期，客观上起到了支持制造商和零售商现金需求的作用。

7. 风险分担

商品在流通过程中，随着所有权的不断转移，使生产者在流通中的风险合理地转移到中间商环节，生产者的支持也给中间商提供了一定程度上的保证，彼此支撑、风险共担。

（四）批发市场功能拓展

1. 以市场为导向，创新批发业态

国外在批发领域存在着许多不同的业态，它们都是根据商品和市场的不同特点而形成的。在国内市场已发生重大变化的情况下，批发业态的创新应成为新一轮流通改革的重要内容。现代信息技术、电子商务和现代物流的出现，正是国内外流通业，包括现代批发业催生的结果，它们的出现并没有取代现代批发业，只是改变了现代批发业的存在形式。

2. 增值服务批发企业

批发企业承担向零售终端和用户的物流配送、货物安装、使用指导、售后维护等职能，承担了一大部分服务职能，这部分服务职能能给批发商带来增值业务收入。

3．向制造业发展

当批发商运用前向一体化策略时，可以转型升级为同类商品的制造商，使其原有的技术和市场优势得以发挥。

4．向零售业延伸

批发商也可以运用后向一体化策略，转而变成零售商，这里其实也用到了同心多元化策略，零售商一般会扩大商品组合的范围，具有更突出的资金优势，而服务的零售人群也会继续扩大。

三、零售业态

（一）零售业态的定义

零售是指把商品和劳务直接出售给最终消费者的销售活动和商品交易方式。这里所说的最终消费者，是指为了进行生活消费的消费者。零售业是商品流通的最终环节，商品经过零售，卖给最终消费者，就从流通领域进入消费领域。

（二）零售业态的特征

1．交易次数频繁、交易批量小。

2．对店铺选址以及店铺设计有较高的依赖度。

3．经营场所分散，经营活动受商圈的限制。

（三）零售的功能与类型

零售商的基本任务是直接为最终消费者服务，在地点、时间与服务方面，方便消费者购买，它的职能包括购、销、调、存、加工、拆零、分包、传递信息、提供销售服务等。

零售商的分类：

按组织形式的不同，可以将零售商划分为公司连锁零售商、自由零售商、特许连锁零售商、零售商合作社、消费者合作社。

按照"业种"（如果说业态决定怎么卖，那么业种就是卖什么）划分，即按照经营的商品分类，我国对零售商（业）的业种分类如下：食品类零售业；饮料、烟草零售业；服装和鞋帽零售业；纺织品零售业；家用电器及音像器材零售业；文化办公用品零售业；日用品零售业；体育娱乐用品零售业；交通、通信用品零售业；家具零售业；化妆品零售业；金银珠宝零售业；中西药品及医疗保健用品零售业；书报杂志及电子出版物零售业；燃料零售业；建筑材料及五金电料零售业等。

按照业态划分，世界各地对零售业态的分类各不相同，有些国家分类较粗，有些国家则分类较细。2004年商务部发布的《零售业态分类》新标准，将我国的零售业态分为18种，即食杂店、便利店、折扣店、超市、大型超市、仓储会员店、百货店、专业店、专卖店、家居建材商店、购物中心、厂家直销中心、电视购物、邮购、网上商店、自动售货亭、直销、电话购物。

四、连锁业态

（一）连锁经营的定义

连锁经营一般是指在核心企业领导下，采用规范化经营同类商品和服务，实行共同的经营方针，集中采购和分散销售有机结合，实现规模化效益的联合体组织形式。其中的核心企业称为总部、总店或本部，各个分散经营企业叫作分部、分店、分支店或者成员店。

（二）连锁经营的特征

连锁经营的特征主要表现为经营管理方面的标准化、专业化、现代化和规模化。其中，标准化是连锁经营最基本、最明显、最本质的特征，它是指连锁店在经营管理的重要环节等方面实行统一、规范、制度化的管理。

专业化是指连锁经营企业将采购、进货、库存、配送、销售以及收银等环节，按其工作内容的具体特点进行规范化的专业细分，形成由专门技能、专门操作方式和专门工作内容构成的专业化工作岗位，不再需要"一事一议"，只要按照制度要求进行管理即可。

现代化是指连锁经营的物质装备电子化、管理手段现代化。

规模化是指连锁经营企业依靠在不同市场区域设立众多分店以实现扩大市场占有率、提高销售额的目的。

2.3 市场营销理论的作用及特征

"市场营销理论"是世界商业进程的思想产物，市场营销理论的不同发展阶段，见证着当时社会商业的竞争主流和意识成果；反过来，市场营销研究者也给不同企业的经营提供了思路和方法论,这使得企业市场营销工作效率极大提升,商品及品牌辐射范围得以最大限度的扩大。

一、市场营销理论的定义

一个被广泛接受的定义。(【美】菲利普·科特勒)

营销(marketing)是个人和集体通过创造,提供出售,并同别人自由交换产品和价值,以获得其所需所欲之物的一种社会和管理过程。从管理的角度定义,营销更强调销售的作用,"被誉为推销产品的艺术"。

二、市场营销学的特征

1. 是一门实践性很强的学科

营销学的诞生源于解决商业社会中的特定问题,无论从最初的物流配送理论还是近期的品牌营销理论,背后都有很深的实用主义的痕迹,这也是这门学科能被世界范围所广泛接受的本质。

2. 是一种科学的工作态度

市场营销学中可以看到数学、心理学、管理学、会计等学科的影子,从这个角度来看它是各门学科综合以后的产物,同时该学科的发展和形成也严格遵循科学的态度,实事求是,各种理论和工具都有翔实而准确的数据支撑。

3. 是一项技巧性很高的艺术

广告界争论了半个世纪的"科学流派和艺术流派"直到今天也没有定论,这恰恰反映出市场营销学独特的魅力——是一门严谨的科学,同时也是一门高超的艺术,体现在沟通、公关方面尤其如此。

4. 是多学科、多技术混合下的产物

市场营销学的推进体现出与时俱进的特点,品牌营销、绿色营销、公共关系营销、网络营销、大数据营销都凝聚了各个时代新技术的结晶,这也反映出该学科的普遍性和通用性。

5. 对执行者的要求高,应具备复杂的综合技能

市场营销理论内容多、适合的层级多,不同行业、不同企业、不同商品、不同岗位的工作人员都有其适用的理论支撑,但是,一个共同点是,需要具备较高综合素质的人才能完美地实现。

三、市场营销学的学习（研究）任务

1. 树立基本的营销管理理念

近百余年来，随着经济发展和形势变化，市场营销观念历经了五个阶段的变化，营销管理者的理念也日趋成熟，这是市场营销研究者的基本哲学观，关注环境变化紧跟市场需求才能满足市场，进而引领市场。一门理论如此，作为一个个体的学习者其心路历程也是如此，从认识观的高度进入一门学科，牢固树立正确的营销观念和理念，是入门直至成功的关键一步。

2. 熟悉常见的营销管理问题

市场营销解决的是供需问题，不同的主体、面对不同的市场都有很多市场问题需要解决，运用恰当的手段调节市场需求，合理收集市场的反馈信息，巧妙地进行高效率的市场交换活动，是市场营销这个领域要解决的主要问题。

3. 掌握常用的营销管理工具

"4P、6P、4C"等行业术语是对市场营销策划以及管理工具的简称，曾经来自于市场实践，后来被理论高度提炼的策略和管理工具，面对新的市场问题时应该如何运用才能发挥作用，是营销工作者应该掌握的必备工具和技能。

4. 培养创新的管理思维和技术

当"品牌营销、文化营销、绿色营销"充斥在我们周围时，必须要清醒地看到，这是营销理论创新思维和技术应用的绝佳案例，面对不同的客体和市场环境，如何派生出一套行之有效的方法，进而提炼上升到理论层面，是对营销学习者最高层次的考验。

第三章 营销从业者综合素质基础

3.1 职业概述

从业就意味着在某个特定岗位上工作,岗位是包含工作内容、工作要求、胜任模型等内容的一个综合概念,营销实务的主要技能点就来自于市场类和销售类岗位对从业者的具体要求。

一、职业的定义与特征

1. 职业的定义:职业是指从业人员为获取主要生活来源所从事的社会工作类别。

2. 职业须具备以下特征:

目的性,即职业活动以获得现金或实物等报酬为目的;

社会性,即职业是从业人员在特定社会生活环境中所从事的一种与其他社会成员相互关联、相互服务的社会活动;

稳定性,即职业在一定的历史时期内形成,并具有较长生命周期;

规范性,即职业活动必须符合国家法律和社会道德规范;

群体性,即职业必须具备一定的从业人数。

二、经济社会视角下的职业

社会经济生活领域中的各项工作任务就是由不同职业大量的从业人员来完成的,从这个角度讲职业是经济社会按照市场规律形成的最小经济活动单位，分担经济社会职能，彼此之间联系运转，支撑着人类社会庞大而又复杂的经济活动。

三、行业视角下的职业

行业是社会一类企业构成的总体，也可以看作从事具有相同共性工作人员构成的总体；从行业角度审视职业，可以看到清晰的职业描述和工作分析内容，这些要求为从业者指明了方向，也对从业人员以及工作内容提出了清晰的要求，一般来看，从行业视角下看待职业，其要求主要体现在对从业者的期望和规范方面，具体包括以下三部分。

1. 职业道德

在社会职业道德的总体约束下，不同行业对从业人员的职业道德有细微的差异。

2. 基础素质

侧重于对从业人员基本身体条件、心智发育程度及基础知识的要求，这一点在我国与国民基础素质教育的内容是吻合的。

3. 专业技能

不同行业对从业人员的专业技能都制定了详细的等级标准，考核晋级条件也很成熟。

四、个人视角下的职业

每一个人在不同的时期对职业都有着不同的理解，科学的职业观应该是做自己最喜欢的、最擅长的、对社会最有价值的工作；这就是我们常说的人生定位的问题，职业对于个人来说，不仅仅是谋生手段，更是实现人生价值获得社会认可的必由之路，要避免狭隘地把职业视作"谋生工具""挣钱手段"甚至是混日子的一种方式的错误观点。

3.2 营销界的职业精神

"态度决定一切"，这是职场里常会听到的一句话，而"态度"指的就是特定的职业精神，理解营销类岗位的职业精神，对树立正确的职业观、奠定坚实的职业基础有非常重要的作用。

一、职业精神

从人力资源管理的角度来看，职业精神就是与人们的职业活动紧密联系、具有自身职业特征的精神。它是由多种要素构成的，不同职业体现出自身鲜明的特征，又有着具体的内涵表现。

1. 职业精神的要素

职业精神的要素包括：职业理想、职业态度、职业责任、职业技能、职业纪律、职业良心、职业信誉、职业作风八个方面。

2. 职业精神的特征

相比与其他社会制度下的职业精神，我国的职业精神特征有其独特的含义：

（1）它是社会主义精神体系的重要组成部分；

（2）它的本质是为人民服务；

（3）它的形成和发展需要不断地培养和强调。

3. 职业精神的内涵

职业精神的内涵主要表现在敬业、勤业、创业、立业四个方面。

二、营销人的职业精神

1. 顾客说："他们希望的营销人员是诚实、可靠、有知识和会帮助人的。"

2. 查尔斯·加菲尔德（Charles Garfield）在研究了优秀成功者后，其结论是超级销售人员具有下列品质：能承受风险，具有强烈的使命意识，有解决问题的癖好，认真对待顾客，能仔细做好每一次访问。

3. 罗伯特·迈克默里（Robert McMurry）这样说高效的销售顾问：我认为一个具有高效率推销个性的销售人员是一个习惯性的追求者，一个怀有赢得抓住他人好感的迫切需求的人。他列出了超级销售员具有的五项品质：旺盛的精力，强烈的使命意识，对金钱的追求，坚忍不拔的毅力，挑战异议，跨越障碍的癖好。

4. 梅耶（Mayer）和格林伯特（Greenberg）开列了一张最短的优秀销售员特征表：感同力（既善于从顾客角度考虑问题）、自我驱动（即达成销售的强烈的个人意欲）。

三、中国传统文化中的营销道德思想

1. "仁"与市场营销理念

孔子在《礼记·中庸》中说道，"仁者，人也"，儒家伦理中的"仁"体现了人与人之间的关系，具体到营销活动中，使顾客满意就是企业最大的"仁"，也是每个营销工作者所应秉持的观念。"仁者，爱人"，关心消费者需求及其满足程度，就是"仁"的体现。而同样有着儒家思想熏陶的消费者也一定会以"仁"来回报企业和业务人员。

2. "义"与市场营销规则

"义"是儒家重要的道德规范，要求人要自觉地做合理之事。在行为规则上，儒家并不排斥人对自身利益的追逐，但应以"义"为前提。在"义"与"利"的关系方面，儒家伦理主张"见利思义""先义后利""以义求利""义然后取"，把"义"作为人重要的精神支柱。现代营销活动投入巨大的资源，就是遵循了要在符合社会道义的前提下获取合理的利润。

3. "礼"与市场营销手段

相当于内在的感情或思想，"礼"是儒家提倡的外在伦理行为。讲究礼尚往来，在营销活动中对待客户和业务伙伴彬彬有礼，是"礼"的重要体现。恶性竞争、不择手段的竞争不仅不为我国传统道德所容忍，也是违反相关法律法规的。

4. "智"与市场营销策略

儒家伦理中的"智"指的是人的聪明才智和专业技能。"待物为智"表明对万物的认识依赖于"智"，由此可见知识和技能的重要性。

5. "信"与市场营销效果

"信"是"仁义礼智"的必然结果，儒家伦理对"信"的评价极高。孔子曾在《阳货》中指出，如能把恭、宽、信、敏、惠这五种品德推行于天下，便是仁了。"言必信，行必果"既是人的处世原则，也是企业求生存、求发展的基本保证。

3.3 营销职业生涯规划与路径

职业生涯是指一个从业者从业的整个历程，这可不是一个回忆的概念，在这里提出是要强调完美的职业生涯是需要设计的，是一个前置的概念。

一、职业生涯定义

在英文里，vocation（职业）一词源自拉丁文 vocare（叫喊）和 vocatio（召唤），其本义为"来自上帝或自我内心深处的呼唤"，也就是"生命的呼唤"。另外，career 一词也可表示职业、职业生涯，根据《美国传统大辞典》的解释，英文 career 源自拉丁文 carrus，意指一种马车，也源自古法文 carriere，指的是赛马场。"职业生涯"一词作动词时，意指"尽全速移动或奔跑、疾驰、狂奔"。综合 voccatio 和 career 两个单词的本义，我们可以这样理解职业和职业生涯：我们所选择和从事的职业，事实上都应该是源自每个人生命的一种召唤，也是每个人人生价值的体现。

在对职业进行探索时，还需要了解职业任务、职业工具、职业晋升路线及报酬、职业工作环境、价值观的满足、工作报偿、生涯形态（角色组合）、得到本项生涯目标的渠道和机会、应具备的资料和准备等方面。

对职业发展方向进行准确的定位和定向，你的职业生涯的起点就会比别人高出很多。

二、职业生涯规划

（用格林豪斯的职业生涯五阶段论来探讨营销人的职业生涯）

格林豪斯是从不同年龄段职业发展所面临的主要任务这个角度对职业生涯进行研究，并据此将职业生涯分为五个阶段，这和我国的人才学专家王通讯的职业生涯六阶段论说法一致。我们根据职业生涯理论看一下，一个营销人职业发展的常规轨迹：

（1）职业准备阶段。一般在出生后到18岁之间。

主要任务：

这一时期主要任务是发展职业想象力，培养职业兴趣及能力，接受教育并进行评估等。

本阶段特点：

很多孩子在童年时期就被问起长大想干什么？70年代的孩子回答"科学家"、80年代的孩子回答"白领"、90后回答"公务员"、现在的00后回答"明星"，看！带有很浓的时代特色，因为这个年龄段处于职业幻想期，主要信息来源于儿童的日常接触。这个阶段可能对社会环境的要求要多一些，在中国，可能选志愿就代替了这个过程，但是前期感性的职业概念传导明显不足。

准备建议：

本阶段正确的做法是，接受现实教育（素质教育），获得职业感受，树立正确而远大的目标；很多伟人的成长，与他们在童年时期就树立了远大的理想不无关系，人开窍越早，准备就越充足，获得成功的机会自然就多。

（2）进入组织阶段。一般在18~25岁之间。

主要任务：

是要具备求职者的身份，获取职业信息，进行职业选择并获得一份工作。

本阶段特点：

这个阶段也叫职业拔根期。这个阶段的人是以争取独立自主,力求实现经济上的自我支持为动力的。

工作建议:

对于一个有远大理想的职业人来说,这一阶段的主要任务之一,就是选择职业。在充分做好自我分析和内外环境分析的基础上,选择适合自己的职业,设定人生目标,制订人生计划。

(3) 职业生涯初期。一般在25~40岁之间。

主要任务:

包括了解组织纪律和规范,接受组织文化,适应职业工作,不断提高职业能力等。

本阶段特点:

这个阶段包含了很多过渡期,职业生涯中充满了不确定性,大致看来有以下几个小阶段:

成年期:

23~29岁,因为这时,大部分人都要建立家庭,搞好人际关系,做好工作,所以在这一阶段人们的干劲十足,很有工作动力,你看有很多红军将领扬名就是在这个年龄段(杨成武、叶剑英等)。在企业界也存在这种定律,如果你幸运进入到一个新筹建或在企业攻坚阶段入职,干劲+学识+运气,你干出成绩,上升的空间就非常大了。

过渡期:

30~32岁,进展不大,职业进入稳定期,一部分运气好的人得偿所愿,加官进爵继续工作。一部分运气不好的人,由于工作动力的惯性(和初期较高的预期没有实现)很多人陷入一种不平衡状态,开始另寻职业以求新的发展,所以跳槽、自己创业在此时出现了一个小高峰,"人挪活、树挪死",我们并不反对人才合理地流动,但是此时的你要冷静,为什么要变?是"冲冠一怒"吗?变动的资本具备了嘛?变动以后会比现在有利吗?答案明确后再变不迟。

安定期:

33~39岁,波动是暂时的,几年的波动过后,你就马上又可以投入工作以求取得成就。

工作建议:

在职业生涯早期,对自己锻炼最大的工作是最好的工作。进入社会后对社会的认知、关系网络的建立、工作技能的获得这一系列实践技能都是通过在企业的日常工作中获得的;企业就像一个大课本,和在校期间不同的是,主要靠你去自学,有心的人会认真浏览、细心体会、融会贯通、举一反三，碌碌无为的人停在自己熟悉的那页上不思进取，贪图安逸。所以，同学们进入社会，可不是你人生学习生涯的终结，其实你又翻开了崭新的一页，很多思想、方式等着你去重新树立，也有很多机会等你去发掘。

（4）职业生涯中期。一般在40~55岁之间。

主要任务：

是不断进步，力争有所成就，并对早期职业生涯重新进行评估，以便修正和完善自己的职业规划。

本阶段特点：和初期一样，这个阶段受到环境和个人的影响也非常大，具有不确定性。具体可以细分为以下几个阶段：

潜伏的中年危机期：

40~43岁，大部分人的工作变动性降低，创新性、挑战性锐减，有的还变成企业前进中的阻碍，面临的人际关系也变得复杂微妙，压力感十足（上有老、下有小、中间有领导）。

成熟期。

44~59岁，当职业总体上让人满意时，人们往往会安于现状，希望安定下来，也有可能在组织内部关系上得到发展。

工作建议：

在职业生涯中期，挣钱最多的工作是最好的工作，这是毫无疑问的，但是事业一事无成，何谈收益呢？须知冰冻三尺，非一日之寒，这一时期的成绩恰恰是前期合理策划努力耕耘的结果。很多人选择充电，没错"亡羊补牢，为时不晚"，也有很多人注意力转移，把希望寄托在下一代人身上，但也有一部分人后来居上，干出一番轰轰烈烈的大事。

（5）职业生涯后期。一般在55岁以后。

主要任务：包括保持已有的成就，并对他人承担责任等。

本阶段特点：

处于本阶段的人，一般都要考虑以后很长一段时间的事情，把自己的遗憾尽量补足；于是评职称、涨工资、要待遇……一般的企业，对于有贡献的老员工都要有所倾斜，这个无可厚非，但是别忘了，在中国很多大权在握的人物恰恰是这个年龄段的居多，人生的成功，付出了太大的代价，一朝得势，怎可轻易放弃?！很多人犯大错误也就是在这个时候，即过去常说的58岁现象，一定要警惕。

工作建议：

在职业生涯后期，实现人生价值最大的工作是最好的工作。度过了不惑之年，对于"金钱、名利"有了一种超然的看法，回顾往昔岁月，既有一丝壮志未酬的遗憾，又有对往昔风光岁月的留恋，无奈岁月不饶人，就让"遗憾"变成等一种可以无数次想象的悬念，就让"风光"变成我们教导后辈的资本，试着从职业人生涯跳出来吧，人生最黄金的时期，你已度过，去享受生活吧！

3.4 团队的概念与作用

一个人不可能单独在社会中生活，人与人之间的合作是群体生存和发展的动力，同时也是个人不断进取的捷径。尺有所短，寸有所长。每个人都有自己的弱势和缺点，同时又独有各自值得称道的地方，只有将各自的优势组合起来，才能更加顺利地完成任务。合作可以给成员智慧和力量，也让成员体会到与人分享胜利的喜悦，抑或是遇到困难时同伴给予的鼓励和温暖。但是如何才能找到志同道合的伙伴，如何才能为了共同的目标缔结到一起呢，首先需要理解团队的意义。

一、团队及团队合作

1994年，组织行为学权威、管理学教授斯蒂芬·P.罗宾斯首次提出了"团队"的概念：

团队就是由两个或者两个以上的，相互作用、相互依赖的个体，为了特定目标而按照一定规则结合在一起的组织。(1994年，斯蒂芬·罗宾斯——【美】)

同理，团队合作是指一群有能力、有信念的人在特定的团队中，为了一个共同目标相互支持、合作、奋斗的过程。团队合作精神是一种为达到既定目标所显现出来的自愿合作和协同努力的精神。从个人成长的角度来看，一个人只有拥有团队合作精神和合作能力，在良好的社会氛围中，个人的成长才会更加顺利。

二、团队构成要素

一般认为每一个团队都要具备五个构成要素，简称"5P"。

（一）目标（purpose）

一个既定的目标，可以为团队中每一位成员导航，成员知道要向何处去。没有目标，这个团队就没有存在的价值。目标有大小之分，一般来说，团队的目标来自于组织，团队的目标必须和组织一致。此外,还可以把大目标分成小目标,具体到每一位团队成员头上,以鞭策大家合力实现这个共同的目标。同时,团队目标还应该有效地向大众传播,让团队内外的成员都知道这些目标,这也是让团队每位成员去努力工作的方法。

(二)人员(people)

人员是构成团队最核心的力量。两个以上的人就可以构成团队。团队目标是通过人员来实现的,所以人员的选择是团队工作中非常重要的一项任务。团队成员的选择是组建团队的重点,不仅要考虑人员的能力如何,技能是否互补,还要考虑人员的个性、配合默契程度以及个人经验等因素。

(三)定位(place)

定位包含两层意思:

一是团队的定位,即团队在企业中处于什么位置,由谁选择和决定团队的成员,团队最终应对谁负责,团队采取什么方式激励下属。

二是个体的定位,作为成员在团队中扮演什么角色,是制订计划还是具体实施或评估。

(四)权限(power)

团队中管理者的权限大小跟团队的发展阶段相关。一般来说,团队越成熟,管理者所拥有的权限相应越小,在团队发展的初级阶段管理权是相对比较集中的。团队权限大小取决于两个方面:

1. 整个团队在组织中拥有什么样的权限,如财务权、人事权、信息权等。

2. 组织的基本特征,如组织的规模多大,团队的数量是否足够,组织对于团队的授权有多大,它的业务是什么类型等。

(五)计划(plan)

计划具有两层含义:

1. 目标最终的实现需要一系列具体的行动方案,可以把计划理解成目标的具体工作程序。

2. 提前按计划进行可以保证团队的进度顺利。只有在计划的指导下,团队才会一步步地贴近目标,从而最终实现目标。

三、明确自己的团队角色

每个团队成员都有自己的个性,这是无法也无须改变的,而团队领导者的艺术就在于如何挖掘团队成员的优缺点，根据其个性和特长合理安排工作岗位，使其达到互补的效果。

作为团队成员，如果想要把工作做好，就应该知道自己在团队中扮演的角色，并清晰地做到以下几点：

1. 具备工作能力，且乐于合作。
2. 认识自己的优势、劣势和性格。
3. 找到最佳时机介入团队事务。
4. 能在不同的团队角色之间灵活转换。
5. 要适当限制自己的团队角色。

第四章 销售顾问基础知识综述

4.1 视觉营销与品牌设计

视觉营销是近年来才兴起的一个学术概念。从本质上讲，视觉营销是将视觉这一心理现象对商品个别属性的反映，作为影响消费者行为的主要因素，结合视觉呈现技术和商品展示技术，制定出不同于其他营销理念的营销组合策略。

一、视觉营销的演变

视觉营销这种观念不是在某一时期突然出现的，作为一种营销理念和营销方式，它的演变大致可以划分为以下四个阶段。

第一阶段，视觉营销雏形阶段。随着商业在国民经济中的分离、成熟和日益完善，商人们为了尽早地将商品销售出去，就要向顾客介绍和展示商品，这种对所经营商品的展示过程可以说是视觉营销的雏形。

第二阶段，视觉营销的成长。随着大批量销售商（批发、零售）的成熟，大量的货物如何设计并陈列、摆放才能做到吸引顾客眼球，成了食品、日用品等快速消费品领域关注的重要因素，在超级市场这种业态刚刚开始风靡的初期，如何让顾客在无销售人员打扰下，优先选择自己品牌的商品，营销人员可谓煞费苦心，商品被设计得五颜六色，陈列位置一改再改，辅以新奇特色的陈列道具，营销人员在想方设法吸引顾客的眼球。这股风同样吹向服装等选择性消费品行业，具有代表性的就是服装销售行业开始研究

"商业性服饰视觉陈列技术",这标志着视觉营销的理念开始出现,并在不断被总结完善。

第三阶段,视觉营销的成熟。随着奢侈品行业和大型百货店、大卖场业态的成熟,营销者强烈意识到视觉营销在市场营销战略中举足轻重的地位,他们越来越重视空间的设计和店铺的陈列。在空间设计上,注重卖场布置设计中对天然材料、颜色、照明、装备道具的运用以及环境的改造等。在店铺陈列方面,关注商品的分类和货架的饱和度。以主题进行商品分类,通常用于以体现线条为主的服装专卖店。

第四阶段,视觉营销的完善。视觉识别与视觉传达理论的产生,促使视觉营销由"商品的终端卖场"领域扩展到产品设计、传播策划以及企业的整体识别管理等领域。21世纪初,中国的营销学者马大力明确提出了"视觉营销"这一概念。并给出了基于视觉营销的一系列营销措施,使得这一理论成为体系。至此,视觉营销从一种展示商品的手段提升为视觉战略和视觉营销体系,并成为当前众多企业经营与管理的日常工作,被营销全渠道所借鉴。

二、视觉认知心理知识

认知心理学是20世纪50年代中期在西方兴起的一种心理学思潮,70年代开始成为西方心理学的一个主要研究方向。视觉心理学是它的一个分支,主要是指外界影像通过视觉器官引起的心理机理反应。人类和其他动物感知外界物体的大小、明暗、颜色、动静等有效信息中有80%以上是经视觉获得的。通过视觉获得的认知感受,受到外在和内在两种因素的影响。

1. 外在因素

即看到的客观事物,客体具有多义性,就是指一个整体给人多重含义,当人类观察此类客体时,这种多义性会使观者产生幻觉。

2. 内在因素

首先是受到生理因素的影响。眼球、视神经、人脑是视觉认知形成的物质条件,尤其是人脑对事物的分析和判断至关重要。

其次是心理因素。人类的大脑其实是在提前干预眼睛的视觉,也就是说人类经常进行选择性关注,这种思维惯性是营销者应该特别关注的特点。

三、视觉营销对消费者购买决策的影响

刚才我们谈到，视觉在人类所有感觉中占主导地位，人类对外部信息的感受有80%是通过视觉来传达的。视觉给消费者的知觉、注意、兴趣等心理现象提供了最广泛、最重要的素材。推销理论中有一个AIDA模式，其就是一种建立在对顾客视觉冲击的基础上，通过视觉冲击，以引起顾客关注，继而促使顾客对推销商品抱有积极肯定的态度，从而购买，可见视觉是影响消费者行为的先决因素，眼球之争（关注力竞争）也就理所应当地成为品牌争夺的第一战。

四、视觉营销的应用与策略

视觉营销是一种新的营销策略和营销方式，它结合了市场营销学、心理学、视觉识别设计、视觉传达设计、零售卖场设计及商品展示等学科知识。它关注的营销领域有别于其他营销理论。

1．产品设计

关注产品造型和产品包装，如何运用图形、图案、色彩及不同材质传递产品内涵。

2．传播策略

如何让通过视觉识别设计和视觉传达设计，对目标消费者形成视觉冲击，并以此来吸引消费者注意力，争取目标消费者，挖掘潜在消费者而获取经济利益。

3．空间设计

主要指零售终端卖场设计和商品展示技术，这是视觉营销人员应该具备的核心技术。

视觉语言不受地域、肤色、年龄、性别、语言的限制，通过视觉及媒介传递的视觉信息能够跨越上述障碍，能够消除个人偏见和语言障碍，通过对"图"（图像、图形、图案、图画、图法、图式）的视觉共识获得理解和互动。从发展的角度来看，视觉设计是科学、严谨的蕴含着未来营销的一种趋势。

4.2 陈列设计与商品美学

产品是连接企业和用户的桥梁，也是承载企业智慧和劳动结晶的载体，在竞争激烈

的市场中，众多的营销手段都是作用在产品身上的，这首先要从商品陈列开始。

一、商品陈列的定义

陈列技术是涵盖了营销学、心理学、视觉艺术等多门学科知识，英文称为 display、shoeing、visual presentation 或 visual merchandising presentation 的一门综合性的学科，也是终端卖场最有效的营销手段之一，通过对产品、橱窗、货架、模特、灯光、音乐、POP 海报、通道的科学规划，达到促进产品销售，提升品牌形象的目的。

一个优秀的陈列师除了具有扎实的基础知识外，还要对品牌的风格、顾客的购买心理、产品的销售有一定的研究。近年国内的营销界也把卖场陈列称为"视觉营销"，足见陈列在营销中的地位。

二、商品陈列的作用

1. 促进产品销售：通过各种陈列形式可以使静止的商品变成顾客关注的目标。对重点推荐的货品以及新上市的货品，用视觉的语言，吸引消费者。同时，经过科学规划和精心陈列的卖场可以提高商品的档次，增加商品的附加值。

2. 传播品牌文化：商品除了物质的层面的东西外，更是一种文化。好的陈列除了告知卖场的销售信息外，同时还应传递一种企业特有的品牌文化。一个品牌只有建立起自己特有的品牌文化，才能加深消费者对品牌的印象，从而促使其形成一批忠实的顾客群。可以从众多品牌中脱颖而出，并增强企业的品牌竞争力，占有更多的市场份额。

三、商品陈列的原则

店铺商品陈列是店面广告的一个重要形式，销售人员工作效率、服务质量等与商品的陈列也有相当密切的联系，因此，商品陈列在一定程度上决定着店铺的销售情况。

店铺商品陈列应注意以下原则。

1. 醒目

所谓醒目即是店铺为使"最想卖的商品"容易卖出，尽量将它设置于显眼的地点及高度，也可称为有效陈列。在进行醒目陈列时，必先考虑商品的价值及其购买频率，对于想要售出的商品，尽量选择能引人注目的场所陈列。即使在同样的场所，这些被称为黄金线上的商品，在有效陈列范围中也要集中展示于最显眼的高度上，并在陈列方式上下点功夫。

2. 易选择和拿取

易选择就是店内的商品以客人容易选择的方式陈列，除特别商品（手表、宝石等小型贵重商品)以外,都尽量陈列于易拿取的地方。因此,要考虑商品的关联性之后再进行分类陈列。各个店铺的规模、行业及方针的不同,也会导致分类的方法及场所的不同,首先应以大分类方式将商品分类。其次将它以用途、制造商的分类方式来分类。最后则是以价格、设计的小分类方式分类。像这样将商品明确地分类之后,再集合展示的陈列方法,不只带给顾客便利,对于店铺本身更提高了其管理商品的效率。易拿取就是在显眼、易拿取的有效陈列范围内,将畅销商品及想要卖的商品适当地陈列在高效率位置展示。

3. 提高新鲜度

它就是使顾客感觉到商品的丰富性及活泼的陈列。任何人在选择喜爱的商品时,当然都喜欢从多种类、多数量中选择,以得到购物的满足感。但是,针对这点就将大量商品放在手边,反而会造成顾客反复选择,甚至会对商品造成污损,因此,即使是少量的商品,只要能好好运用陈列方法,也能使其感到很丰盛。店铺经营者应熟练地运用辅助工具将商品立体地陈列起来,借助装饰物使商品生动化,活用拍卖时的海报传单,这些方法都可以强调商品的新鲜度。

4. 提高价值

它指即使是同样的商品,在运用陈列方法之后,也可使顾客对其评价改变。所以在进行陈列之前,必须先考虑何为能表现最佳效果的陈列方式。陈列设备及器具对其影响力很大,甚至也受陈列背景的颜色、材料、小型道具以及照明的表现效果所左右。特别是所谓搭配合宜的陈列,其商品的组合方式是,主要商品与直接有关联的商品如何搭配组合。其判断力与方法不只受陈列效果影响,也与店铺形象密切相关。

5. 引人注目

它指将商品安置于专业场所中,会成为强调重点的陈列场所。那是与全面陈列不同的,它借助一些设备及用具,使得某个部分特别显眼,以招揽顾客来店浏览店内商品,这种店面被称作磁石店面,也具有相同作用。这种陈列方式,具有诉求力的主题是必要的,借着这种主题可有效地发挥其效果。引人注目的陈列方式,可因行业的不同及定位目标的不同而有所差异。

四、商品陈列的方法

目前卖场陈列常用组合形式主要有:对称、均衡、重复等几种构成形式。

1. 对称法

卖场中对称法就是以一个中心为对称点，两边采用相同的排列方式。给人的感觉是稳重、和谐。这种陈列形式的特征是：具有很强的稳定性。给人一种有规律、秩序、安定、完整、平和的美感。由于对称法的这些特征，因此在卖场陈列中被大量应用。

对称法不仅适合比较窄的陈列面，同样也适应一些大的陈列面。当然在卖场中过多地采用对称法，也会使人觉得四平八稳，没有生机。因此，一方面对称法可以和其他陈列形式结合使用；另一方面，我们在采用对称法的陈列面上，还可以进行一些小的变化，以增加陈列面的变化。

2. 均衡法

卖场中的均衡法打破了对称的格局，通过对商品的陈列方式、位置的精心摆放，来重新获得一种新的平衡。均衡法既避免了对称法过于平和、宁静的感觉，同时也在秩序中重新营造出一份动感。

另外，卖场中均衡法常常是采用多种陈列方式组合，一组均衡排列的陈列面常常就是一组系列的商品。所以在卖场用好均衡法既可以满足货品排列的合理性，同时也给卖场的陈列带来几分活泼的感觉。

3. 重复法

卖场的重复法：是指商品在一组陈列面或一个货柜中，采用两种以上的陈列形式进行多次交替循环的陈列手法。多次的交替循环就会产生节奏，让我们联想到音乐节拍的清晰，高低、强弱、和谐、优美，因此卖场中的重复陈列常常给人一种愉悦的韵律感。

卖场中的各种陈列方式往往不是孤立的，而是相互结合和渗透的，有时候在一个陈列面中会出现几种构成的方式，而且卖场的陈列方式也远不止这些，在熟读卖场各种功能和充分了解艺术的基本规律后，我们就可以自由地在艺术和商业之间漫步，并且我们还可以不断地创造出更多的陈列方式。

4.3 商品演示与消费者心理

消费者的购买行为比较复杂，也有很多专业的消费者购买行为理论，销售顾问一般都驻店销售，尤其对于大多数选择性消费品来说，其终端一般都设在大型的百货商场、大型购物中心内，在这些环境里，消费者一般具有购物倾向，只是面对众多的品牌和促销诱惑很容易迷失本心，那么对于销售人员来说，如何强化自身品牌和商品对消费者的刺激，让消费者在第一时间注意到自己，如何诱导消费者的决策过程，并使其做出购买决定就是一项必须要完成的工作了。

一、科特勒的刺激反应模式

美国著名的市场营销学家菲利普·科特勒在其《市场营销管理（亚洲版）》（下）中提出了一个非常简洁的消费者购买行为模式。他认为，消费者行为模式一般由三部分构成。

1. 第一部分包括企业内部的营销刺激和企业外部的环境刺激两类刺激，它们共同作用于消费者以引起消费者的注意。

2. 第二部分包括购买者的特征和购买者的决策过程两个中介因素，它们将得到的刺激进行加工处理。

3. 第三部分就是加工处理的结果也就是购买者的反应，它表现为消费者对产品的选择和对品牌的选择。

二、消费者的购买决策过程

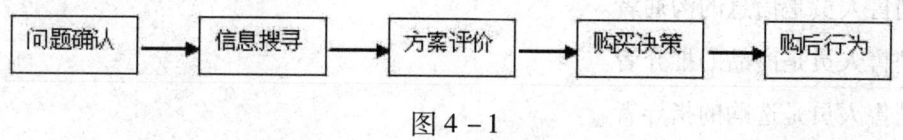

图 4-1

如图 4-1 所示，消费者的购买决策过程是指消费者在购买产品或服务过程中所经历的步骤。

1. 问题确认

购买过程始于购买者对某个问题或需要的确认，即消费者意识到一种需求并且有一种解决问题的冲动，这个阶段一般是由消费者的基本需求而诱发的。

2. 信息搜寻

消费者在明确问题以后进行的信息搜寻是一种主动选择的行为，有效的信息来源包括：个人来源、商业来源、公共来源和经验来源四类，如果营销者能在消费者搜寻的过程中把信息持续地传递给消费者无疑将强化消费者的信息记忆深度。

3. 方案评价

一般认为是消费者根据收集到的信息先在大脑中形成一套标准，然后根据自身感知到的效用指标加以排序，应该是消费者主观意识上的优劣区别的过程。这个过程一般都需要商品的深度介入，消费者在感知到商品的各项功能之后，首先反映出的恰恰是对其效用的评价。

4. 购买决策

这个阶段出现在消费者购买过程的某个时间点,也就是通常说的达成购买意愿,但是这并不代表能够成交,还必须要采取措施帮助消费者下定决心,而此时营销者需要排除消费者的风险担心和提供更多利益。

5. 购后行为

消费者决策过程并不随着购买过程的结束而结束。在使用了产品和服务后,消费者会将其实际表现水平和期望水平进行比较,消费者的满意度感知将直接影响他们下次的购买行为。

三、商品演示

在销售人员与顾客面对面的营销活动中,销售人员所承担的商品销售工作是在与顾客的双向沟通中完成的,这是商品演示的关键部分。

(一)销售人员影响力的表现

1. 销售人员是信息的沟通者。
2. 销售人员是商品的推介者。
3. 销售人员是选购的指导者。
4. 销售人员是情感的融通者。

(二)销售人员如何调动和消除顾客的消极情绪

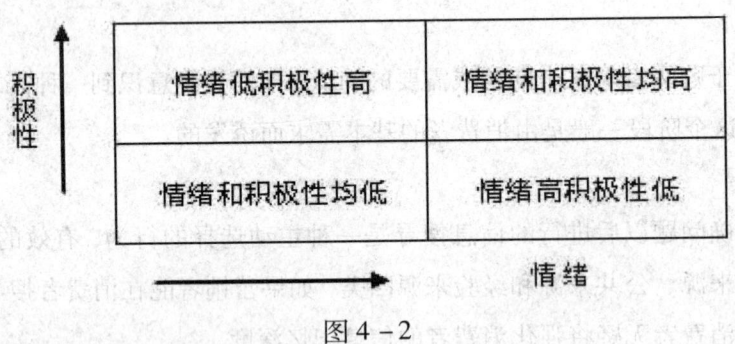

图 4-2

顾客进入商场后可能有的四种情绪状态:

1. 情绪和积极性都高。
2. 情绪低,积极性高。
3. 情绪和积极性都低。

4. 情绪高，积极性低。

销售人员要对上述四种情绪状态进行有效的调节，变消极情绪为积极情绪，充分调动顾客的积极性，以使其顺利实现购买行为。

（三）销售人员仪表行为与顾客心理

1. 销售人员语言运用与顾客心理。
2. 销售人员的穿着与顾客心理。
3. 销售人员行为举止与顾客心理。

顾客心目中的理想销售人员应该是：外表整洁；热情友好，有礼貌，乐于助人；耐心听取顾客意见和要求；详细介绍商品优缺点，并能提出中肯意见；关心顾客的利益重于商品的推销；提供方便快捷、及时恰当的服务。

（四）品牌及商品展示

将品牌的形象和应季的商品陈列展示在品牌专柜周围，并搭配必要的促销赠品，以强化促销效果。

4.4 推销话术理论

销售的过程也可以理解为销售人员说服顾客的过程，语言是销售人员重要的工具和手段，如何编辑销售话术，在与顾客的沟通中起着至关重要的作用。

一、推销洽谈的概念

也称推销面谈，是买卖双方为实现推销物品或服务的交易，就各种交易条件进行的协商活动。但在当代，推销洽谈不一定仅指面对面地洽谈，可以包括各种为达成交易而采取的正当方式。它包括诱发客户购买动机、处理异议、销售谈判、促成交易等主要内容。

二、推销洽谈的目标

1. 目标：通过设问，发现顾客的真正需要与问题，设法激发顾客的购买欲望，使顾客产生冲动，形成购买动机。其核心点是发现顾客的需要与问题。
2. 引子：很多电视购物的主角，都在自以为是地教训着观众，"你这样很危险！""你还犹豫什么？！""你知道吗？！"……的确销售人员作为主角，操纵和控制着顾客，很利于交易的达成，但这需要销售人员有高超的表达技巧和表演天才（比如卖拐），而且，绝大多数顾客不是"范师傅"，他们不喜欢"被卖"，而更多是因为"想买"。

识别问题的重要性：

根据马斯洛的观点：一种需要"是一种感觉，一种没有得到满足的感觉，会导致焦虑、紧张……然而一旦得到满足，就会产生强烈的幸福感"。可见销售需要购买者有购买的动机；如果遇到一些对自己目前的状况非常满意因而不想去改变的潜在顾客，销售人员首先应该激起顾客对现状的不满，使"顾客认知不和谐"，从而使他们愿意接受改变，而实现这一目的的方法，就是提出正确的问题。就好像医生看病一样，未经诊断开出的药方是毫无说服力的！

三、提问详解

1. 提问的价值

提问可以强化客户对问题的记忆深度；

提问可以为销售人员争取主动和时间；

问答可以加强双方的感情基础（比如搞对象的年轻人）；

提问可以获得必要的信息；

提问可以引导交易的进行。

2. 推销洽谈程序

（1）洽谈准备

A. 个人心理及必要准备；

B. 对客户的了解，要熟悉消费者类型；

C. 罗列缺少信息清单：

对于潜在顾客的现状，我哪些方面尚未充分了解？

我是否需要潜在顾客购买需求的信息？

现在客户是否存在问题？突破点在哪？

我已经知道所有决策者了吗？

我是否需要竞争者的信息？

潜在顾客可能提出的拒绝理由是什么？如何应对？

企业组织文化是什么？

（2）洽谈导入：直接设问，礼貌试探。

（3）正式洽谈

主要技巧简介：

☆封闭式提问：

举例：你最近有没有投资计划？好比选择题。

优点：适用于双方开始交谈、改变谈论话题（昨晚的球赛看了吗？）和检验是否理解了对方的意见（你说是吧？）。也可鼓励那些对开放式话题没有反应、沉默寡言的顾客参与谈话。

☆开放式提问：

举例：你认为呢？你是怎样想的？好比简答题。

优点：让顾客能够详细地阐述他们对问题的观点。

注：无论哪种提问方式主要目的有三个方面：开始信息交流、继续和改变信息交流、检验是否理解顾客的意思。

☆开始信息交流：是要概括出顾客的问题的实质，即识别顾客所处的现状与想要达到的状态之间的差距。建议多用封闭式设问。

☆交流后的开放式问题：这可以确认问题的其他部分；当顾客的脑子里已有不合逻辑的先入为主的看法，并对销售人员表现出抵制时，这种设问就有用了。

3. 推销洽谈策略技巧

灯笼原理：

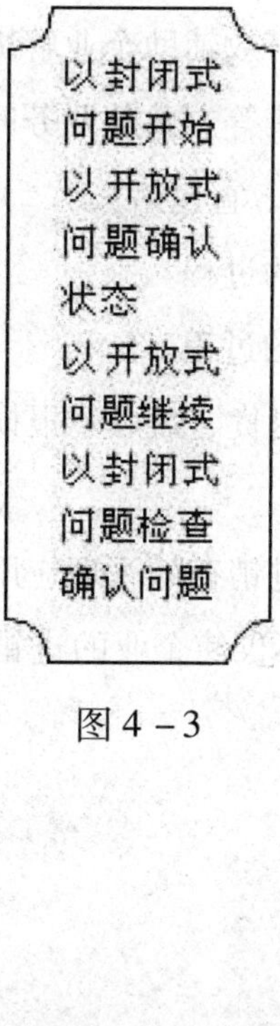

```
以封闭式
问题开始
以开放式
问题确认
状态
以开放式
问题继续
以封闭式
问题检查
确认问题
```

图 4-3

提问的进一步指导：

使问题简单易答：太复杂的问题会使人回避。

自己承担责任：不要问"你知道哇？""你明白吗？"之类的话。

给提问留下空间：你不是在审问客户，学会创造性沉默。

询问利益而非特性。

4. 总结——推销洽谈遵循的原则

自愿原则；有偿性原则；针对性原则；鼓动性原则；参与性原则；诚实性原则；合法性原则。

4.5 销售进销存管理实务

商品的进销存管理，是商业活动"商流、物流、资金流、信息流"汇集的焦点，是评估经营活动绩效，获取经营信息的重要来源，虽然现在绝大多数"进销存"工作已经实现了信息化处理，但是作为市场营销专业人员必须掌握其内在的规律和要求。

一、进销存管理基本概念

1. 进销存管理定义

进销存管理是对企业生产经营中物料流、资金流进行条码全程跟踪管理，从接获订单合同开始，进入物料采购、入库、领用到产品完工入库、交货、回收货款、支付原材料款等，每一步都为您提供详尽准确的数据。有效辅助企业解决业务管理、分销管理、存货管理、营销计划的执行和监控、统计信息的收集等方面的业务问题。

2. 进销存管理又称为购销链管理，它包括：

进：指询价、采购到入库与付款的过程。

销：指报价、销售到出库与收款的过程。

存：指出入库之外，包括领料、退货、盘点、报损报益、借出、调拨等影响库存数量的动作。

随着信息技术的飞速发展，企业进销存的管理应用相应的软件使这一动态的进销存过程更加有条理，应用进销存管理软件，不仅使企业的进销存管理实现了即时性，结合互联网技术更使进销存管理实现了跨区域管理。

二、进销存业务实施介绍

（一）营销管理领域

1. 准确的采购进货管理

严密的取价控制，确保降低成本；采购变更的忠实记录，杜绝管理真空；分批进货控制和检验方式控制，直接复制前置单据的功能，提升采购人员的工作效率。

2. 完全掌握的库存管理

运用先进的 WEB 化物流管理理念及技术，集中统一管理各地仓库存货的进出状况，并提供商品在途管理、差异处理、安全存量预警、出货信用控制；提供循环盘点并支持不停业盘点，保证盘点作业轻松自如；针对高层更提供库存 ABC 分析表和呆滞分析等管理报表。

3. 完整的配销流程

提供对各种销售通路的集中管理，并通过 POS 系统及时地将各种销售信息传递到公司，进行销售分析和处理，为管理决策提供依据。

（二）财务管理领域

1. 会计总账管理

可建立多账套；提供科目预算管理功能；能按月份、部门、年度对比等各式利润表、资产负债表和现金流量表；按照独立利润中心和独立项目出具损益表；与其他模块整合，充分发挥信息化集成与整合的效果。

2. 应收应付管理

账款内容根据进货、出货等单据自动产生，并根据各类交易对象的不同结账方式，自动产生对账单；提供方便的收款与快速冲账功能，非进销货交易特别提供灵活的其他应收应付作业，让账款管理万无一失。

3. 自动分录系统

根据应收应付系统产生的相关结账单，抛转到会计总账系统中，自动生成会计凭证，大大简化填制单据的烦琐工作，免除了人为处理的操作错误。

4. 票据资金管理

提供多币种的银行收支账户管理、银行对账功能。特别提供银行资金预估表和运营资金预估表作为企业运营的重要参考指标。

三、进销存业务内容介绍

目前,常用进销存业务内容由传统进销存+POS+分销管理三部分构成。

(一)传统进销存

传统进销存是指企业管理过程中采购(进)→入库(存)→销售(销)的动态管理过程。它仅仅是将传统的手工记账转换成了电子做账,将企业印刷品的运营流程变成了软件记录的过程,同时也加入了数据的分析功能。

(二)POS

POS(point of sale)——销售点的意思,一般是一个消费店里的一个销售点,现在常指一个消费店里的一个收银点。具体的功能及设施如下:

产品功能点:

1. 产品销售:销售产品,收银管理。
2. 会员储值:会员充值管理。
3. 会员积分:会员消费积分以及积分兑换等管理。
4. 会员卡管理:VIP 卡管理。
5. 考勤管理:收银班次考勤管理。
6. 小票打印:收银凭据打印。

其中附带硬件有:POS 机、银联设备、超市电子秤等。

(三)分销管理

分销管理原指销售渠道的管理,这里是指连锁经营企业的配送、请配、收货等管理过程。分销管理是使用信息化工具及实时同步协议,让企业集中管理异地分支机构的需求,并将企业异地分销、远程配送、数据整合等有机结合在一起,总部可及时查询各分支机构的业务数据,满足企业现代化管理的需要。

4.6 客户关系管理与售后服务

顾客购物以后的使用体验，对于评价顾客满意度，吸引和锁定顾客有着至关重要的作用，很多商品的使用并不在销售现场，那么营销者如何跟踪并评价顾客感受呢？从客户关系管理系统入手，强化售后服务是重要的手段。

一、基本概念

1. 客户关系管理理论简介

最早发展客户关系管理的国家是美国，在1980年初便有所谓的"接触管理"（contact management），即专门收集客户与公司联系的所有信息；1985年，巴巴拉·本德·杰克逊提出了关系营销的概念，使人们对市场营销理论的研究又迈上了一个新的台阶；到1990年则演变成包括电话服务中心支持资料分析的客户关怀（customer care）。

1999年，Gartner Group Inc. 提出了CRM概念（customer relationship management 客户关系管理）。Gartner Group Inc. 在早些提出的ERP概念中，强调对供应链进行整体管理。而客户作为供应链中的一环，理应被加以重视。企业展开客户管理工作的目的是能创造彼此间的亲密关系，增加客户对公司品牌的黏性和忠诚度，并能提前洞察客户的消费需求。

客户管理工具虽然最早被应用在像金融机构这样的纯服务业公司，但是随着信息技术的进步，这一理念和工具因为它强大的营销力量和精准高效的营销效果被越来越多的企业所接受。

2. 顾客满意度理论

服务质量是指服务给消费者带来的效用及其对消费者需要的满足程度的综合表现（顾客通常从技术和职能两方面来感知）。

顾客感知服务差距＝管理者感知顾客期望值的差距＋顾客满意标准定制差距＋实际落实差距＋顾客的预期与实际体验差距＋顾客个体感受差距

二、了解并影响顾客的购后体验

1. 顾客购后体验

顾客购后体验是顾客在欣赏、购买和使用商品的过程中形成的心理感受。这种感受要影响其下一次购买行为的发生，同时也会对其他消费者的消费行为产生影响。

2. 顾客的满意和满意体验

商品特性越符合顾客的需要，顾客产生的满意度就越高，满意体验就越深刻，顾客对商品就越信任。这种良好的情感体验，会激发其对商品拥有的热情和再次拥有的愿望，并且会影响其他消费者拥有的心理与消费行为的发生。

3. 顾客的不满意和不满意体验

顾客不满意的原因有三个方面：

（1）顾客对商品的期望值过高。

（2）企业或销售人员过于强调产品的积极面。

（3）受其他消费者的影响。

顾客不满意的体验具体表现在：对自我认知产品的否定；在认知产品价格及功能等方面产生不平衡心理；对厂商和经销单位的怀疑。

三、顾客拒绝购买态度及其转化

（一）拒绝购买态度的形成

顾客拒绝购买态度的形成源于内外因素的刺激，有时是内外因素的双重刺激的结果。其实质是，顾客对某种产品的购买呈负作用。

（二）拒绝购买态度的类型

1. 初步拒绝：是指顾客带有随意性的拒绝。表现为：有购买欲望但无稳定指向；对商品不太满意；引导不到位暂时放弃。

2. 肯定拒绝：是个可经过一系列心理活动以后采取的最后行动。其表现为：对商品特点不认同；对商品安全、效用偏差太大；根本没有购买意图。

3. 违心拒绝：顾客不愿说出拒绝购买的原因。表现为：自尊心强不愿说出理由；挑选中对服务员产生反感，不愿争执；购买欲望不强，随便看看，不愿说出真实想法；对新产品认知度低，不愿让服务员看出无知；被同伴的意见左右，难以决策。

（三）拒绝购买态度的转化

1. 初步拒绝的态度转化

采取反复提示商品的综合吸引力，加强对商品的品质、功能的重点诉求。强调产品使用的新知识，促进其购买态度的转化。

2. 肯定拒绝态度的转化

要转化肯定拒绝态度难度很大，销售人员切不可强求。可以采取转移其注意目标，避开主要问题，以良好的服务态度减弱顾客拒绝购买态度的强度。

3. 违心拒绝态度的转化

这种拒绝态度的心理诉求因素很强，处理说服要慎重。在说服中最好不要使顾客察觉到你是在有意说服自己，否则，一是要伤害顾客的自尊心，二是引起戒备心理，三是回避。并且留下深刻而消极的情感体验，使得其拒绝再次光顾。

第五章 柜长（店长）基础知识综述

5.1 营销计划与销售计划

"千斤重担人人挑，各个头上有指标。"这是销售界很流行的一种说法，也说明了制定销售任务和营销计划的重要性，那么如何才能制订科学合理的销售计划，并分解到人呢？

一、营销计划管理

1. 基本概念

营销计划管理是根据企业战略目标的要求制定企业的营销目标及其实施策略、措施和行动方案，并在管理过程中推进营销计划的执行以达成营销目标。

"计划"是管理工作中的重要内容（举例说明计划在营销管理工作中的重要性）。

2. 营销计划管理的特点

（1）目标性：计划是一种工作目标的制定，包括最终目标和分阶段目标；

（2）策略性：计划工作不仅是简单的分解组合，还蕴含着技巧；

（3）有效性：计划的制订以落实为最终目的；

（4）科学性：计划工作是一项规范性很强的工作。

3. 营销计划的作用

（1）营销计划是各项营销工作的"龙头"；

（2）营销计划是完成销售任务的保障；

(3)营销计划是生产采购的向导;
(4)营销计划是营销管理工作的依据。

二、销售计划的概念

1. 销售计划即短期营销计划,一般是在年度营销计划的基础上,由具体营销部门编制的以季度或月度为单位的营销工作分解计划,目的是保障年度营销计划的顺利执行。
2. 特点及作用
(1)由基层主管出台;
(2)保障整体营销计划的顺利完成;
(3)可以根据各地实际情况微调;
(4)保障各地顺利适应总体的要求。
特点:短期性、市场响应及时性、动态调整性、调整的局部性、针对性强。

三、销售计划的类型

销售计划编制的核心要务是确定一定时期的销售目标,并把这一目标准确地分解出来,而分解的依据就是要考虑到各经营者、各部门主管以及一线负责人等所承担的能力大小,一般来说,按照以下内容逐级分解。

1. 时间别的销售计划

即把销售任务按照时间(一般以月为基本单位,但是个别快消品也有按照日来制订销售计划的)来分解。

2. 部门别的销售计划

即按照销售部门来加以划分销售计划,一般现代企业的销售部门主要按照主营渠道来划分,比如流通部、KA业务部、直销业务部等。

3. 地区别的销售计划

即按照市场覆盖的地理区域来划分销售,做全国市场的品牌一般把全国分为:东北、华北、西北、西南、华中、华南六大区域,当然也有按照客户的聚集地点来划分区域的。

4. 产品别的销售计划

即按照商品来划分销售额,一般重点商品会承担较大的销售份额。

5. 客户别的销售计划

即按照公司的主要大客户来划分销售,这里的大客户主要指公司分散在各地的代理商。

6. 人员别的销售计划

即按照销售业务人员来划分销售，这一般就是最基层的销售划分了。

5.2 市场竞争情报

有效地收集市场情报，是店长们必备的技能之一，市场情报还不同于市场调查资料，它的作用更为直接，内容涵盖更广，信息来源也非常的多样化。

一、市场情报的类型

市场情报有若干种标准的划分，如果按照市场情报性质和内容可以划分为：市场营销信息、市场管理信息、商品科技信息和市场环境信息。

1. 市场营销信息：它是市场信息的核心和主体，主要包括如下信息：商品生产和供应信息（市场商品生产能力、规模、布局、结构、渠道，以及购买增减和投向变化，消费水平和结构变化等）；商品竞争信息（同行业竞购、竞销能力及其竞争战略与策略等）。市场营销信息常常通过商情、广告、市场调查等形式反映出来。

2. 市场管理信息：包括国家调控市场、市场引导企业的宏观管理信息和企业内部业务管理的信息。前者包括国家制定和颁布的经济法规、政策以及税收、银行、物价等部门出台的有关新的规定等。后者指的是商品产供销计划，购销合同的签订和履行，以及业务、财务、会计、审计、物价等管理措施的有关信息。

3. 商品科技信息：包括新产品的开发、设计、试制，以及各类产品加工、包装、仓储、运输、检验、采购、销售、服务等环节中所出现的科学技术发明成果和改革、革新措施所形成的信息。

4. 市场环境信息：指的是影响市场供求变化和营销活动的各种政治、经济、社会、自然环境变化的信息。政治环境信息，如国家重大方针政策变化、不同时期党的号召等；经济环境信息，如经济政策变化、经济体制改革、经济结构变化、经济发展速度和人民消费水平、消费结构变化等；社会环境信息，如城乡建设发展、人口发展与分布、人民文化和教育水平，以及风俗习惯等；自然环境信息，如气候变化、土地资源开发利用、农作物生长态势等。以上事物变化所产生的信息都可作为市场环境因素而对市场营销有着重要价值。

二、市场情报的特点

市场情报是社会生产、交换、消费等经济活动必不可少的信息，它除了具有一般信息共有的可传递性、可记存性、可复制性、可共享性等特点外，还具有多变性、零散性和实用性等特点。

1. 多变性：市场情报的多变性是它不同于其他信息的最突出的特征，主要表现为以下三点：

（1）商品价格信息瞬息万变，而且不同商品之间的比价也不断变化。

（2）商品的供求关系处在不断变动之中。由于大量新的企业参与市场竞争，某些商品往往很快由短缺转为过剩，畅销商品与滞销商品的位次也不断调整。

（3）商品的品种、品牌不断增多，同一种商品的更新换代周期越来越短，使用功能也不断趋向于复合多元。

2. 零散性：商品信息的零散性与商品生产的分散性和商品信息传播的多渠道、无序化密切相关。主要表现为以下三点：

（1）商品生产多以分散的企业或企业集团为单位，为占领市场，企业只注重商品信息的及时发布而缺乏累积性，造成商品信息满天飞的局面。

（2）商品信息经过各种社会传播渠道传播时，虽经过一定的整合，但仍然无法从根本上改变其分散的状态。

（3）在以商品销售为目的的信息传播活动中，良莠不齐，存在片面、无序、虚假宣传的现象。

3. 实用性：商品信息的实用性与商品信息的功能密切相关。它主要表现在以下几个方面：

（1）沟通社会生产、流通、消费等环节，促使其出现良性循环。

（2）贴近大众生活，有广泛的共享性，提高经济活动的透明度。

（3）服务于不同用户的需求。如企业可以据此了解竞争对手的生产情况、商品营销策略、价格与服务措施、商品的市场占有率等，从而有针对性地组织生产销售，使自己在竞争中占据有利的地位。

三、现代市场情报处理的特点

进入20世纪后，世界的经济、技术发展迅速，生产社会化的程度越来越高，随着信息时代的到来，商业企业管理的本质和核心就是对企业信息流实施有效控制，西方企业界流行一种观点，即"控制信息就是控制企业的命运，失去信息就是失去一切"。这充分说明了信息对企业的重要性。从商业企业管理的角度看，现代市场情报处理主要有以下几个特点。

1. 信息量急剧增加："信息爆炸""知识爆炸"是我们这个时代的特征之一，"信息爆炸"主要体现为信息量呈雪崩式的增长。英国技术预测专家马丁研究发现：人类的知识在19世纪是每50年增长1倍；20世纪初是每10年增长1倍；70年代，每5年增长1倍。目前，信息的增长量是每2年增长1倍。1935年美国每生产1美元产品要在信息处理方面花去15美分，1985年在信息处理方面的花费上升到25美分，1995年上升到36美分。

2. 信息处理与传递的高度现代化：自从50年代中期计算机开始进入流通领域以后，商业营销活动发生了重大变革。从购销货物统计、费用核算、市场预测与分析，到库存控制、资金管理、劳动工资计算等，都可以利用计算机进行，企业的信息处理技术及设备日益向着高度现代化发展。有资料显示，现在日本的一些大企业，可以在5秒到1分钟内通过电子计算机网络系统获得全世界金融行情，在1~3分钟内获得日本与世界各国进出口贸易资料；3~5分钟内查询或调用国内1万个重点企业当年及历年生产和经营情况；在当天就可获悉全国各地生鲜食品的批发、销售、库存和价格变动的数据。

3. 处理方法的复杂化：随着市场竞争的日益激烈，企业为了挖掘潜力，获得最大的经济效益，其管理水平会不断提高，其决策过程也将越来越复杂。另外，企业对信息的及时性、可靠性、准确性、时效性的要求越来越高，也导致了信息处理的复杂度大大增加。

四、市场情报管理所遵循的原则

目前大量的无用信息、虚假信息等"信息垃圾"充斥信息交流渠道，极大地妨碍了人们对有用信息、正确信息的吸收利用。事实上，没有组织的或不加控制的信息不仅不是资源，而且可能会构成一种严重的妨害，只有经过组织管理的信息才能成为一种资源，没有信息管理，信息资源就不可能得到充分有效的开发利用。市场情报管理所遵守的原则主要有以下几个。

1. 及时：就是信息传递速度要快。由于信息具有时效性，速度越快，信息管理水平越高，其价值越大。市场情报的及时性主要包括四方面的内容：一是收集信息要及时；二是加工制作新的信息要及时；三是反馈信息要及时；四是传输信息要及时。只有做到这四个及时，才能赢得企业经营上的主动权。

2. 准确：即信息要如实反映客观情况。准确是信息的生命，情报越准确，其价值越大，而假情报、假信息只能导致企业经营管理的决策的失误，从而贻误整个商业工作。要做到信息能如实反映实际情况,首先必须做到一切从实际出发,周密调查研究,认真收集各种原始资料和数据,才能加工出准确的信息,保证企业决策人员的正确判断和管理过程的有效控制。

3. 适用:就是信息要符合实际需要。在企业经营过程中,由于决策人员和企业职能科室人员的责任不同,他们所需要的信息在内容上也不尽相同。而且,即便同为决策人员,由于层次不同,他们所需要的信息量也不相同,愈往上层,需要的信息量愈少,但对信息的要求趋于整体化,所得信息也愈不正式,愈不规律,不易事先预测;信息处理愈加复杂,往往需通过模拟、预测或其他复杂的过程,才能得到战略上的信息。而愈在下面,信息资料愈加规律,趋于数据化、经常化。如果向不同部门以同样方式提供信息,不仅会造成信息的大量冗沉,增加信息处理工作的负担和费用,而且还会给这些部门查找所需要的信息带来困难,造成时间浪费甚至经济上的损失。

4. 经济:是指采用的信息处理方式必须符合经济核算的要求。任何管理工作都要考虑经济效益,信息的处理也必须遵循经济效益的原则,即考虑如何用较低的费用获取必需的信息。满足这一要求应考虑两个方面的内容:一是从信息的生产到传播要尽量节约费用;二是如何使信息给商业工作带来更大的效用。

五、正确认识信息技术的作用

信息技术只能提高商业业务流程的速度,但业务流程的清晰程度和合理性则取决于商业企业的设计和管理。信息技术能使信息方便、高效地存储、使用、积累和传播,从而为企业经营活动发生由量到质的改善提供了可能。但我们不可过高估计信息技术在这种改善中所起的作用。那种认为只靠信息技术就可以解决企业所有问题的想法是不实际的,甚至是十分危险的。信息技术与企业业务流程之间的关系就好像交通工具和路的关系。信息技术的应用,只是使自行车变成了汽车,而不能使弯路变成直路。

5.3 促销策划

依据经验情况和销售计划,编制不同时间节点的促销计划,是店长的必备技能,也是常态化工作内容。

一、促销的概念和作用

1. 促销是销售促进的简称,它是指企业通过人员推销或者非人员推销的方式,向目标顾客传递商品或劳务的有关信息,帮助消费者认识商品或劳务所能带来的利益,从而能够引起消费者的兴趣,激发消费者的购买欲望,促进消费者产生购买行为的一系列活动。

2. 促销的主要方式

广告	人员推销	营业推广	公共关系
广播广告	推销介绍	赠品促销	记者招待会
电视广告	推销会议	打折促销	演讲
报纸广告	电话推销	抽奖促销	新闻发布会
杂志广告	演示推销	摸奖促销	研讨会
邮寄广告	展销	竞赛促销	年度表彰大会
包装广告	博览会推销	活动促销	论坛
产品说明书		明星促销	庆典
招贴和传单			捐赠大会
广告册			
广告牌			
产品陈列			
标语和标志			

3. 促销活动的作用

(1) 传递信息,提供情报;
(2) 突出卖点,诱导需求;
(3) 指导消费,扩大销售;
(4) 树立信誉,形成偏好。

二、促销策划的定义

所谓促销策划是指企业在其经营方针、经营目标的指导下,通过对企业内外部经营环境的分析,经过精心构思设计从而将产品推向目标市场,所选择的促销手段,以达到占有市场的目的的过程。

三、促销策划要解决的问题

1. 处理库存。
2. 提升销量。
3. 打击竞争对手。
4. 新品上市。
5. 提升品牌认知度及美誉度。

四、促销策划技巧

1. 制定促销企划的原则

企划人员在制订促销方案时应力求把握以下三大原则：

（1）抓住消费心理，出奇制胜的原则。

（2）利用产品特征，突出优良形象的原则。

（3）利用利益诱惑，获得认同的原则。

2. 常见的促销活动类型

（1）人员促销：参见推销技术。

（2）广告促销：略。

（3）营业推广：销售促进/SP。

（4）公共关系：略。

5.4 销售分析

门店需要进行销售分析，包括月度、季度、年度销售分析，单项促销活动销售分析，销售分析的内容包括销售数据分析和文字销售分析报告两大部分。它的作用和目的：肯定成绩，总结经验，发现问题，吸取教训，挖掘潜力，制定营销组合，实现更多利润。

一、销售分析的作用

1. 通过销售分析与评价，有利于企业经营管理水平的提高。
2. 有利于目标管理的实现，杜绝"滥竽充数"现象。
3. 有利于目标利润的实现。

二、销售分析的常用方法

1. 绝对分析法:即销售额变化的直观分析;一般和历史数据比、和计划数据比、和先进指标比,和其他企业比。但要注意可比性,"人比人,比死人"——比较产生差距,差距产生压力。

2. 相对分析法:即比值分析。

(1) 相关比率分析:常见的比较指标有销售费用率、投资收益率等。

(2) 构成比率分析:新品销售率、商超销售率等。

(3) 动态比率分析:揭示一段时间的变化情况:定基动态比率、环比动态比率。

3. 因素替代法:是指通过逐个替代因素,计算几个相互联系的因素对经济指标变动影响程度的一种分析方法。

注意:使用因素替代法时要保持严格的顺序替代不能改变:在判断各因素的相互关系前提下,先实物量,后货币量;先数量指标,后质量指标。

4. 量本利分析:通过测量销售量、销售成本、利润三者之间的关系,寻找其内在联系的办法。

盈亏平衡点:

该点销售收入 = 该点的变动成本总额 + 固定成本总额

Q——盈亏平衡点销售量;

P——单位产品价格;

C——单位商品变动价格;

F——固定成本总额;

S——该点销售收入

$Q = F/P - C \quad S = F/1 - C/P$

可在此公式下,进行其他因素变化运算。

三、销售活动分析的程序

1. 确定分析计划。
2. 收集分析资料:销售计划、预算、定额、责任指标、同行业资料等。
3. 研究分析资料:剔除不实资料,调整不可比资料,选择合适方法整理资料。
4. 做出分析结论。

5. 编写分析报告：实事求是，客观全面，重点突出；文字简练，图表清晰，方案可行，及时准确。

四、销售活动分析报告的撰写

1. 分析报告作用：促进销售计划完成、提高经济效益、为制订新计划提供依据。
2. 特点：专业性、定期性、注重数量描述（拿数字说话）。
3. 分析报告写法：标题——正文（销售活动情况概述、销售活动状况分析、改进工作意见）——署名和填写日期。

第二篇 实务实践

第六章 营销实践概述

6.1 营销实务实践部分的教学任务与作用

实践教学部分，主要是讲授本专业的理念、理论、方法和工具在社会实践中应用的效果，通过行业管理规定、企业案例、专项工作做法及要求等内容呈现，与理论部分及实操训练部分相辅相成，教学中以"开阔眼界"和"启发思路"为培养目标；从教学设计的角度来看，应该实现以下目标。

1. 树立正确的角色定位：市场营销实务的内容较多，在实际工作中由不同职务的管理人员执行，出于教学的需要，本课程要求学生掌握不同职务层级市场营销实务人员的管理方法，对职业角色的跨度很大，要求学生随时联想技能的执行人角色定位，可以寻找市场营销实务职业的心理感受，缩短在实际工作中的陌生感，实现针对性学习，避免"眉毛胡子一把抓"——没有重点的实训学习。

2. 学习先进的管理理念：复合型人才的培养，不同于"匠人"的培养，不能依靠一成不变的模式，而应该提升其管理思维，拓展他们的管理视野，鼓励创新，"条条大道通罗马"，高超的技能一定是智慧思想的体现。

3. 掌握必要的管理工具：市场营销实务工作在实际工作领域中有很多有效的管理工具，尤其是那些关于基层市场营销实务活动方面的，学生必须会用，这是本次教学的根本目标。

4. 掌握企业现实状况：市场营销实务实训的案例来自于企业中的真实案例，有很多项目要求学生必须具备一线的工作经验,但由于教学安排的局限性,要求学生深入企业几乎无法实现,折中的办法就是展开案例学习和角色模拟练习,希望同学们在案例的学习中感受企业实际状况。

综上所述,市场营销实践教学的课程目标是:依托专业知识,发掘学生潜能,培养具有"管理者思维"、掌握现代市场营销实务技术、适合市场需求的营销复合型人才。

本次实践教学通过讲授、案例学习和团队练习等帮助学生了解不同层次市场营销实务者的基本特征和所需素质,使学生具备管理者应有的素质和心理准备,配合理论课程使素质教育深化和具体化。

6.2 营销理论与营销实践的关系

和市场营销有关联的国家法律法规、各行业的管理规章、不同企业有代表性的案例不胜枚举,按照什么样的编辑思路才能既符合学生的学习兴趣又具有实务教学的代表性呢?这是本书在编辑过程中的主要任务之一。

一、实践部分节选的原则

1. 一体化原则

本部分的实践内容和理论部分要高度吻合,能够揭示理论内容在现实社会中应用的现状,能够帮助学生总览社会概况和全貌,能够帮助学生了解该部分在行业、企业中应用的方式和实际效果,达到理论和实践整齐划一的效果。

2. 标准化原则

依据本专业学生的人才培养方案要求,市场营销专业学生的目标行业是商贸流通类,包括快消类商品营销和服务贸易行业营销两大领域,在各章节的教学内容设计过程中,实践部分的选择要和上述行业特点吻合,保持一致。

3. 现代化原则

随着中国市场进程的深入和全球市场一体化进程的加快,互联网与跨境电商逐渐显现出其独特的优势,传统的市场信息分析手段也正在被大数据分析所替代,所以为了迎合当代的营销功能转变,本部分尽可能引入一些现代化的全新实践教学案例。

二、实践部分编辑特点

实践部分的课时量占比不大，累计约占总课时的20%，主要内容包括行业背景演变史、先行管理制度、特定时期的行业现状、著名企业的做法和要求以及业内著名成功案例等项内容；视不同章节的特点采用不同的角度来编写，力求画龙点睛突出重点，让学生记住并掌握本部分最关键的要素。

三、实践部分与本教材其他内容的关系

（一）理论部分与实践部分的关系

1. 相辅相成的关系：理论部分主要讲述营销原理的内容，实践部分讲述和本理论相关的社会实际状况。

2. 论点与论据的关系：理论部分是论点，实践部分提供在真实社会中的论据支持，能帮助学生清晰认识理论内容在现实社会中的应用现状。

3 由浅入深的梯度理解关系：理论学习停留在面上，实践学习可以进入实务的本质，使学习者实现对某一理论由浅入深的学习过程。

（二）实践部分与实训部分的关系

1. 模仿与练习的关系：实践部分主要是行业中的管理规定和企业的通行做法的内容，实训部分需要按照这一方法论的指导去实际操作，当然要有自己创新的设计内容。

2. 通用与个例的关系：实践部分讲述的是通行做法，为在实训中学习的学生提供大众化的方法和手段，学生实训是每位学生自己的事情，要有自己的工作特点的表现，但是可以据此来判断自己做法的优劣。

3. 总结与提升的关系：学生通过动手动脑实训，能不断总结自己的理解过程，加深对通行做法的理解深度。

总之，对理论与实践这种互证、互见、互相启发关系的学习与探索，是营销实务学习的独特方式。

第七章 商业及市场营销活动基础

7.1 商业活动综述

在我国,商业是一个古老的行业,一般认为古代商业产生于先秦时期,初步发展于秦汉时期,到了隋唐时期有了进一步的发展。每个时期的商业都有它独特的历史使命,商业活动也在漫长的历史长河中逐步完善和规范,最终变成我们现在看到的样子,它的出现为经济繁荣和社会进步起到了巨大的推动作用。

一、商业兴起于先秦时期

先秦时期的殷商,据说非常的富足,是当时其他封地的人民非常向往的地方,经常会有来自不同地区的人们参观和交流,当时殷商的"首都"朝歌城的人们就把注意力从农耕生产转到了提供餐饮、住宿一类的商业服务行业上来,这就是商业形成的雏形,也是为什么后人用"商人"这个词汇来描述从事这一行业的人员。

二、秦汉时期商业初步发展

秦汉时期商业发展的原因有:秦始皇统一货币、度量衡、修驰道。西汉"开关梁",开通了陆上和海上两条丝绸之路,中外贸易也逐渐发展起来。

西汉商业发展表现在:富商大贾周游天下,中外贸易逐渐发展起来,一些大城市成为著名的商业中心,政府设专职官员管理市场。

三、隋唐时期商业的进一步发展

柜坊专营货币的存放和借贷,是我国最早的银行雏形,比欧洲地中海沿岸出现金融机构要早六七百年。飞钱类似于后世的汇票。柜坊和飞钱的出现是商品经济发展的结果,它们的出现又促进了商业的便利与发展。

四、宋元商业的繁荣

两宋时期商业的繁荣是建立在市坊分开的制度被打破以及不再限制商品交易时间基础上的。两宋不仅商品的种类多,而且国内贸易、民族之间贸易和对外贸易都很繁荣。元代实现了国家的空前统一,促进了商业的继续繁荣。

1. 两宋时期商业繁荣的原因

第一,北宋结束了五代十国的分裂割据局面,社会经济得以正常发展,农业、手工业的发展,为商业的繁荣提供了物质基础。

第二,政府逐渐放松对商品交易的限制。从唐代后期起,市坊严格分开的制度逐渐被打破。到宋代,店铺已可随处开设,买卖时间也不再有日中为市的限制,早晚都可经营。

第三,北宋时益州富商开始发行世界上最早的纸币"交子"。后来,官府在益州设立交子务,印制和发行交子。南宋时,纸币使用的地区广、发行量也大大增加。纸币的发行和使用便利了商业活动的进行,促进了商业的繁荣。

第四,两宋时水陆交通便利,特别是海上丝绸之路畅通,有利于对外贸易的发展。

2. 两宋商业繁荣的表现

两宋时期商业的繁荣首先表现为城市商业的繁荣。北宋都城开封和南宋都城临安成为繁华的商业大都会。北宋画家张择端的《清明上河图》形象地反映了开封城内商业的繁华景象。南宋都城临安,城内店铺林立,贸易兴隆,早市、夜市、昼夜相连,酒楼、茶馆、瓦子错落有致。

商品种类增多,各种类型的集市出现。许多农副产品和手工业品开始走向市场,成为重要的商品。如苏湖地区农民剩余的粮食,南方篾匠所做的竹木器都变成了商品。北宋时商品种类增多,商家注重商品的包装,还注意为自己的商品作广告。说明北宋时商人经商的水平已有很大提高。南宋时流行的谚语"苏湖熟,天下足"则说明苏湖地区农民的剩余粮食成为了重要的商品。城市中还出现了定期和不定期、专业性和节令性的各种不同类型的集市。商税收入,越来越成为政府的重要财源。

两宋时期，民族边境贸易繁荣。北宋与辽、西夏对峙，南宋与金对峙。两宋在与辽、西夏、金相邻的边境地区设榷场，进行双边贸易，互通有无。

两宋时期，海外贸易发达。宋代海上丝绸之路畅通，政府特别重视海外贸易。北宋时，东南亚、南亚、阿拉伯半岛以至非洲，有几十个国家与中国进行贸易。南宋时，海外贸易更加发达，外贸税收成为国库财富重要来源之一。

五、元代商业的继续繁荣

元代实现了国家的空前统一，为经济的进一步发展奠定了基础；重新疏浚了大运河，疏浚后的大运河从杭州直达大都；开辟了海运，海运从长江口的刘家港出发，经黄海、渤海抵达直沽（天津）；元政府还在各地遍设驿站，横跨欧亚的陆上丝绸之路也重新繁荣起来，这些都促使元代商业继续繁荣。

元代的大都是政治文化中心，也是繁华的国际商业大都会。从东欧、中亚，从非洲海岸，从日本、朝鲜，从南洋各地，都有商队来到大都。城内各种集市三十多处，居民不下十万户。国内外各种商品汇聚于此。"百物输入之众，有如百川之不息。"据说每天仅运入城中的丝即达到千车。杭州是南方最大的商业和手工业中心，"贸易之巨，无人能言其数"。泉州是元代对外贸易的重要港口，经常有百艘以上的海船在此停泊，外国旅行家誉之为世界第一大港。元政府在这里设有市舶司管理对外贸易。

六、明清的徽商与晋商

取消明清时期商帮的出现，以及徽商与晋商在当时商业活动中的突出地位和重要影响。

明清时期，小农经济与市场的联系日益密切，农产品商品化得到进一步的发展；城镇经济空前繁荣和发展，许多大城市和农村市场都很繁华。其中北京和南京是全国性的商贸城市。在全国各地，涌现出许多地域性的商人群体——商帮，其中人数最多、实力最强的是徽商和晋商。

1. 徽商

徽商即徽州的商人。徽州有经商的传统，徽州人很团结，注重互相帮助，并且还崇尚节俭。经过几百年的经营，徽商积累起惊人的财富。徽商几乎"无货不居"，经营范围很广，但"首鱼盐"，对食盐的经营尤为重视。徽商的兴起就是从经营食盐开始的。明代食盐的生产由官府垄断。为了解决边疆守军粮饷不足的问题，明政府允许商人将粮食运到指定的边防地点交纳，然后给予他们贩卖食盐的权利。徽州距边防地点遥远，徽商起初在盐业的经营中不占优势。但到明中期以后,明政府将纳粮改为纳银,徽商纷纷投资盐业而暴富。徽商经营盐业积累起商业资本之后,又扩大经营范围,经营茶叶、木材、粮食等行业,活动范围遍及全国各地,民间俗谚有"无徽不成镇"的说法。在海外诸国也留下他们的足迹,有"遍地徽商"之说。徽商凭借雄厚的商业资本,经营大宗商品交易和长途贩运;并且插手生产领域,支配某些手工业者的生产活动;还经营典当等金融行业,获取高额利润。徽商从明初至清末兴盛了数百年,出现了拥有资产百万两白银乃至千万两白银以上的大富商。

2. 晋商

晋商即山西商人。他们是和徽商齐名的另一商帮。晋商起初也是经营盐业,晋商在明初利用地接北部边防之便,为官府运送军粮,获取贩盐的权利,经营盐业致富,成为富有的大盐商。他们积累起巨额商业资本之后,逐渐扩大经营范围,贩卖丝绸、铁器、茶叶、棉花、木材等。到清代乾隆年间,晋商开始兴办金融机构票号,经营存款、放贷、汇兑,也可以为官府代理钱粮。经过长期的经营和积累,晋商的财力不断壮大,到清代时,资产达百十万者不可胜数,晋商首富亢氏的资产多达数千万两白银。

7.2 国民经济中的商贸流通行业

我国改革开放已有四十年的历程了,可以说改革开放的主要表现就是对流通体制的放开和搞活,那么我国商贸流通体制自中华人民共和国成立以来都经历了哪些变化呢?

中华人民共和国成立以后,我国建立了排斥市场机制的高度集中的计划经济体制。改革开放以来,我国大致经历了"计划经济为主、市场调节为辅""有计划的商品经济""社会主义市场经济"三个阶段,流通体制改革大致可以分为四个阶段。

一、改革的起步阶段(1978~1984年)

这一阶段商品流通改革的重点是放开部分农副产品市场和对原国有商业企业进行扩权让利。具体而言,包括国有商业企业内部经营机制和所有制改革,非公有制商业企业的发展,调整和改革部分农副产品、日用工业品和生产资料流通体制和价格体系,改变了国有独家经商和渠道单一的状况,初步形成了多种经济成分、多条流通渠道、多种经营方式并存的局面。

1. 农副产品流通体制改革

(1) 恢复、发展农村集市贸易,开放城市农副产品市场。农村集市贸易早在1979年便得到了恢复和发展。同年，开放了城市农副产品市场，允许城市郊区社员进城出售自己的产品。1982年中央一号文件提出，允许"试办和发展社队集体商业，如贸易货栈、联合供销经理部和农工商联合企业等"；1983年中央一号文件又提出，对农民完成统派任务后的产品（包括粮食、不包括棉花）和非统购产品，应当允许多渠道经营，可以进城，可以出县、出省，"农民个人和合伙进行长途贩运，有利于农副产品销售，有利于解决产品积压、销地缺货的矛盾，也应当允许"。1984年，国务院《关于合作商业组织和个人贩运农副产品若干问题的规定》中允许有营业执照的商贩下乡采购、贩运农副产品，也可以在城市指定的市场向贩运者批量进货，就地销售。此后，陆续恢复和发展了一批日用工业品、小商品市场和旧货市场。

（2）调整和改革农副产品的购销体制。改革前，按照农副产品对国计民生的重要性，国家将其划分为一、二、三类，分别进行统购、派购和议购。1978年以前，统购统销的农副产品占到全部农副产品收购额的80%。十一届三中全会过后，国家逐步地进行调整和改革，放宽了农副产品的购销政策，同时对农副产品的价格进行调整。购销体系方面，1983年10月，经国务院批准，将商业部管理的一、二类农副产品种类由46种减至21种。1984年又调减为12种，一定程度上改变对农副产品统得过多、管得过死的状况。

2. 日用工业品流通体制改革

（1）调整和改革日用工业品购销体制。日用工业品购销体制方面，调整了购销日用工业品的种类，到1984年商业部管理的计划商品由原来的135种减少到26种；改革日用工业品的购销形式，1981年起全面实行统购统销、计划收购、订购、选购四种购销形式并存的购销体制，1981年日用工业品的计划管理范围由原来的131种减至35种。1982年增加代批代销形式，此后又发展了工商联营联销形式，从而形成了六种购销形式并存的局面。工业品价格管理改革，从放开小商品价格着手。1982年，放开160种（类）小商品价格；1983年9月，再放开350种（类）；1984年小商品的价格实行全部放开。

（2）改革日用工业品批发体制。第一，改革供应站点设置和管理。撤销多余站点，按经济合理的原则组织商品流通，打破各种不合理的限制，减掉一切不必要的环节；改革站点管理，改革日用工业品一、二、三级批发层次，将商业内部层次倒扣作价办法，改为以批发牌价作基础，按批量作价或协商作价。第二，着手创建贸易中心。1984年，各地积极学习重庆贸易中心经营经验，在所有城市逐步建立日用工业品贸易中心。到1984年末，共建立起城市贸易中心2248个，其中工业品贸易中心1254个，农副产品贸易中心753个，综合贸易中心241个。

3. 生产资料流通体制改革

调整物资部门部分商品的供应。发展了定量定点供应、配套承包供应、凭票供应等多种供应形式；扩大市场调节商品范围。1979~1984年，钢材统配比重由77%下降到62%，煤炭由58%下降到51%，木材由85%下降到44%，水泥由35%下降到24%，五种有色金属由68%下降到56%。

4. 调整和改革产品价格

这一阶段的价格采用调整为主、调放结合的方式进行改革。（1）调整部分产品价格。先后大幅度地提高了粮食、食油、棉花、羊皮、麻类、木材、生漆、桐油、大豆、烟叶、蔬菜的收购价格，还提高了棉布价格，降低了化纤布、涤纶布的价格；对部分主要产品实行超购加价，1979年，对农产品中的粮食和油料的超购部分加价50%，对棉花超购部分加价30%；调整地区差价、批零差价、进销差价、季节差价、质量差价等差价体系。（2）对部分生产物资类产品实行浮动定价。1979年开始，对生产资料类的电子产品、部分机械产品（包括机床、仪器、仪表及元件、汽车配件）等20多种产品实行最高限价和最低限价的浮动价格制度。1980年增加浮动定价产品的种类。但是，国家定价仍是主要形式。

5. 商业企业改革

（1）国营商业企业的调整和改革。第一，1979~1981年试行经营责任制。到1981年底，全国有28个省、自治区、直辖市的3.5万多个企业进行经营责任制试点，约占国有商业企业总数的1/3。物资流通企业的经营责任制起步较晚，但到1984年底，许多的物资流通企业依据自身情况实行了上缴利润包干、亏损包干、"三保一挂"、"目标利润包干"等形式的责任制。第二，试行经营承包责任制。据不完全统计，到1983年3月，全国商业系统实行经营承包责任制的门点达到10.3万个，占全部门点的56.6%。1983年下半年以后，国家开始实行第二步"利改税"。第三，1984年改革试行小型商业企业"改、转、租、卖"。到1984年末，全国有58060个小型国营零售、饮食和服务企业放开经营。其中，改为"国家所有、集体经营"的46589个。第四，供销社由"官办"变"民办"。供销社改革，实现了农民入股、经营服务范围、劳动制度、按劳分配、价格管理五个方面的突破。

（2）非全民所有制经济成分的发展。第一，鼓励扶持集体、个人等多种所有制商业的发展。1980年8月，提出要大力扶持兴办各种类型的自负盈亏的合作社和合作小组。1983年3月5日，中共中央、国务院发出《关于合作商业组织和个人贩运农副产品若干问题的规定》中，允许贩运的农副产品价格，由购销双方协商。1984年社会商业、饮食服务业零售网点915万个，比1978年增长629.08%，其中，国营网点27.2万个，减少40.1%；集体网点

159.4万个,增长55.86%;个体728.1万户,增长将近40倍。第二,调整国营商业所有制,将部分国营小型商业、饮食和服务企业,转为集体或个体所有。1984年底,全国有58060个小型国营零售商业、饮食业和服务企业放开经营,其中转为集体所有制的5554个,转为个人经营的5917个。

二、有计划的商品经济阶段(1985~1991年)

在"有计划的商品经济"的政策和相关理论研究指引下,这一时期的商品流通体制改革在商业管理体制、企业内部体制、批发体制等方面继续向前推进,正式形成了生产资料价格双轨制。

1. 商业管理体制的进一步改革

(1) 政企分开,简政放权,改革商业企业行政管理体制。1984年7月,国务院批转商业部《关于当前城市商业体制改革若干问题的报告》;10月,颁发了中共中央《关于经济体制改革的决定》,要求各省、自治区、直辖市商业厅(局)将直属企业下放到所在市。到1985年底,商业部管辖的17个工业品一级站全部下放到所在市;省、自治区所属日用工业品二级批发站下放513个,占全国日用工业品二级批发站596个的86%。1984年以后逐步扩大企业的经营、计划、财务、物价、人事、工资、奖罚等权利,到1991年推广重庆市"四放开"(即经营、价格、用工、分配放开)经验后,企业自主权的问题有了较大突破。

(2) 取消统购、派购,改革农副产品购销政策。为进一步搞好农村经济,1985年1月1日,中共中央、国务院发布《关于进一步活跃农村经济的十项政策》,实行双轨价格并行的制度。国务院决定从1985年粮食年度(4月1日)起,取消粮食统购制度,改为合同定购制度。同时,棉花取消统购,改为合同定购(合同定购任务为8500万担)。1985年1月开始,逐步取消生猪派购,实行自由买卖。1985年,还取消粮油统购,实行合同定购。食油统销方面从1991年4月开始只保证城镇居民定量供油和军供用油。

(3) 改革商品管理体制,扩大市场调节范围。商业部系统由国家进行计划管理的商品,由1978年的274种,逐渐减少到1991年的12种,取消了日用工业品指令性计划的商品。1983年,国务院批转了商业部有关全国临时免收布票和1984年不发布票的请示,于是实行了30年的棉花计划定量供应宣布结束。除成品石油仍实行计划供应外,其他工业品全部敞开供应。物资部门,1984年以后,流通体制改革加快,1991年底,国家统一分配的生产资料由256种减少到30种,由分配物资的政府管理部门转为物资经营企业,并出现了经销、代销、联销、经济协作等多种经营形式。

2. 改革多层次的批发体制

（1）改革日用工业品一、二、三级批发层次。到1985年底，全国商业系统共有工业品批发站1177个，工业品基层批发机构（包括供销社）38527个。这些批发机构，都是自主经营的批发实体，彼此之间是平等的经济业务关系。经过1986年以后的治理整顿和深化改革，打破了国营批发企业延续30多年的"三固定"（指固定供应对象、固定货源、固定价格）批发模式和"一、二、三、零"（指一级、二级、三级批发站和零售企业）封闭式经营，取消了日用工业品流通领域的指令性计划管理的商品和国家管理的价格品种，推行"四放开"增加了国有批发企业自主权，形成了多种经济成分、多条流通渠道、多种经营方式和减少流转环节的"三多一少"的开放式经营的新的运行机制。

（2）仿效重庆做法，建立贸易中心。1984年以后，各大中城市纷纷仿效重庆无偿征用原批发公司的仓库创建贸易中心开展业务的做法，部分县城、集镇也采用类似方法建立各式各样贸易中心。到1985年底，商业部系统共有贸易中心1630个，其中工业品贸易中心1001个，农副产品贸易中心629个（其中粮食贸易中心182个）。经清理和整顿，到1987年底，全国还剩贸易中心871个。

（3）探索发展批发市场。1984年，全国人大六届二次会议明确提出"广泛设置农产品批发市场"。此后，各地商业部门开始各种尝试，并陆续组建了一批综合性或专业性的批发交易市场。到1991年，国（营）合（作）商业部门组建的大中型蔬菜、水果批发市场已有600多个；建设了郑州中央粮食批发市场，在黑龙江、江西、安徽、湖北、吉林等地也出现了一批区域性的粮油批发市场；建立了成都肉类批发市场，各地还积极进行畜禽、羊毛、食糖等专业批发市场试办工作。此外，1984～1991年也兴办了一批较为规范的生产资料批发市场。

3. 商业企业所有制改革取得较大进展

（1）继续在大中型企业全面推行经营承包责任制。1985年，大中型商业企业的经营承包责任制逐步全面推广。1986年，同时进行了规范化管理的试点。1987年，商业企业的承包经营责任制全面展开。1987年底，全国实行各类承包经营的国有大中型商业企业达到13324个，占总数的61.2%。承包的形式主要有："上缴利税基数包干""递增包干、超收分成""两保一挂（保上缴税利，保企业发展后劲，工资总额和经济效益挂钩）"。在企业对国家承包的同时，企业内部实行层层承包。企业对政府以及企业内部分配关系双向承包，强化了企业和职工的经营积极性。但由于政企职责尚未完全分开，企业的活力受到一定制约，出现了某些短视行为，亟待开展企业制度、经营机制以至行政管理制度的配套改革。

(2) 小型商业企业实行"改、转、租、卖"。1986年5月，国务院批转了国家体改委、商业部等单位《关于1986年商业体制改革几个问题的报告》，规定了小型企业改革的几个具体政策问题。到1987年底，商业部系统放开的国营小型商业企业已达到87880个，占总数的81.9%，比上年末增长了39.6%。其中，国家所有集体经营的占55.6%，比上年末增加了6.8%；转为集体所有制的占4.2%，比上年末下降28.5%；实行租赁经营的占39.8%，比上年末增长1.92倍；卖出企业占0.45%，比上年末增长2.7倍。到1989年，实行"改、转、租、卖"的小型企业已超过90%。1990年，在实行新一轮承包、租赁中，在放开搞活的前提了，采取了多种灵活的改革形式，对国有小型企业的改革进一步完善。

(3) 商业企业进行股份制改革试点。主要采用职工内部持股和定向法人持股的方式。1990年上海证券交易所成立和1991年深圳证券交易所成立，标志着股票交易市场的出现，为股份制企业在中国的发展提供了基本的市场保障。

商业体制改革的推进，促成了以公有制为主体的多种所有制并存的商业所有制格局。到1991年底，我国社会商业企业经营机构中，商业国有大中型企业实行承包制的占94%，小企业放开经营的占90%以上；全民所有制商业占4.7%，集体商业占14.1%，个体商业占81%，还有中外合营和私营商业。社会商业企业经营机构从业人员中，全民所有制占25.3%，集体商业占31.1%，个体商业占43.3%。在社会商品零售总额中，全民所有制商业占40.2%，集体商业占30%，个体商业占19.6%，合营商业占0.5%，农民对非农业居民直接零售占9.7%。

三、向社会主义市场经济转变阶段（1992~2000年）

1992年"社会主义市场经济体制"改革目标的提出，标志着中国改革开放和现代化建设进入了一个新的发展阶段。经过1992~2000年的发展，商业经营主体更为多元化，商品流通渠道不断多样化，商业企业经营管理制度日益现代化、科学化，产品价格逐步市场化，同时出现了超级市场、便利店、货仓式超市、专卖店、邮购、网上商店等新型商业业态。社会主义的商品市场体系初步框架基本建立，同时在商品市场宏观调控方面也进行了有益探索，基本上达到了党的十四届三中全会提出的培育商品市场的目标。

1. 商品市场迅速发展

培育和发展商品市场体系，是中国商品流通体制改革的中心。1992年提出建立社会主义市场经济体制的目标以后，我国的商品市场发展迅速。2000年，全国亿元以上商品交易市场数量达到3087个,摊位总数2115115个,成交额达到156723889万元。其中,综合性商品交易市场的数量为1256个,专业性市场发展到1235个,涉及纺织品服装、食品饮料、家具、机动车、金属材料、煤炭、木材、粮油市场、蔬菜、水产品、农业生产资料等20多个行业。

(1) 全国性及区域性批发市场、专业批发市场都获得迅速发展,试行了商品期货市场。1992~1998年,全国性及区域性批发市场规模不断扩大,全国已有1000多家批发市场的年交易额超过1亿元。其中全国性和区域性的批发市场以及商品交易所100多个,农副产品批发市场近3000个,涉及粮食、蔬菜、肉类、食糖、钢材、木材等多类商品。同时,专业批发市场已经成为商品流通领域的一支生力军,义乌小商品市场、福建省石狮服装市场、成都荷花池市场等年交易额均达到几亿甚至一百多亿元。随着价格改革和商品市场的发育,试行了商品期货市场。1990年10月12日开业的中国郑州粮食批发市场,1991年3月22日签订了第一份远期合同,1993年5月正式推出标准化期货合约交易。此后,期货市场出现了盲目发展势头,交易品种过滥过乱。经过1993年10月至1995年、1996~2000年的两次整顿,中国证监会把33家期货交易所压缩合并为大连、郑州、上海3家期货交易所,将57个商品期货品种压缩到12个,中国期货业协会成立,正常经营的期货经纪公司为178家。

(2) 零售市场发展迅速。1992年以后,中国城乡集贸市场进入了发展高潮时期。小商品以至多数日用工业品全面放开,1990~1992年间,集贸市场成交额以平均每年500亿元的数量增加。到1995年底,全国共有集贸市场82892个,比1990年增长14.2%,成交额11590亿元,是1990年的5倍多,呈现出布局合理、各类市场比较健全的态势。与此同时,零售企业也不断发展,不断转换经营机制,建立现代流通企业制度,实行股份制改造,发展连锁化经营,出现了百货商店、专业店、购物中心、超级市场、便民店、连锁店、仓储式销售、邮购、直销等多种业态以及经销、代销、租赁等多种销售形式。国有、个人、私营以及中外合资、合作经营的商业零售企业并存。零售企业朝着大型化、多样化、一体化、自动化、信息化的方向发展。

2. 商品价格逐步市场化

1992年,全国商品价格中市场调节的份额,农副产品为77.8%,消费品为83.4%,其中工业消费品为78.1%,生产资料为61.8%,粮食价格到1993年底已经全部放开,实行以市场定价为主。1992年8月国家物价局颁布了新的价格管理目录,放开了绝大多数商品的价格。到1992年底,各类商品价格中,国家定价的比重已不足20%。社会商品零售额中市场调节价的比重上升到90%。生产资料领域,除少数(10种)物资尚需按计划分配供应外,1993年基本实现生产资料自由购销。中国沿海地区地市级生产企业所需物资的95%、重点大型企业所需物资的85%都是通过市场条件下自由购销进行的,初步实现了由政府定价体制向市场价格体制的转轨,市场机制在价格形成中的主导地位基本确立。

3. 商业企业改革不断深化

(1) 公有制商业企业公司制度改革。1992年以来,公有制商业企业制度改革不断深化。一方面,在国有商业企业为基础组建的股份制企业,到1992年全国已有200多家,上海第一百货商店1992年改组为股份制企业,上海良华实业股份有限公司也于6月成立;另一方面,试行国有小型商业企业股份合作制。1988年四川省广汉市股份合作制开始试点工作。1997年党的十五大以后,商业股份合作制在全国各地铺开。

(2) 非公有制商业不断发展。个体商业的逐步发展,到1994年底,全国个体商业达1154.2万户,1833.47万人。私营商业蓬勃发展,1994年底,全国登记注册的私营商业企业达14.46万户,雇工134.1万人,营业额611.67亿元。1997年底,在社会消费品零售总额中,国有经济和集体经济共占42.5%,其他经济比重超过50%。开始试办外商投资企业。1992年有15家合资企业获得批准。1995年,日本的伊藤洋华堂商业有限公司和荷兰的万客隆两大跨国零售巨头以连锁形式在北京落户。此时允许外资零售商有限地开展批发业务。2000年进入我国的外资商业企业共计多达300余家,占我国零售市场销售额的2.5%。

4. 对商品流通间接宏观调控的探索

1992年以来,我国的商品流通间接宏观调控体系不断建立和健全。首先,进行国家商业行政管理机构的改革,1993年撤销原商业部、物资部,组建国内贸易部,主管全国商品流通,结束了生活资料和生产资料流通长期分割管理的局面。1998年将国内贸易部改组为国家国内贸易局,作为商业流通行业的主管行政机构。其次,颁布和实施了一系列与商业、市场有关的法律、法规和条例。制定《经济合同法》《产品质量法》《反不正当竞争法》《广告法》《商标法》和《消费者权益保护法》等商事特别法规,《期货市场管理暂行条例》《商品市场登记管理办法》《批发市场管理办法》《拍卖管理办法》《连锁店经营管理规范意见》等商品市场法规,等等。再次,建立重要商品储备制度和农产品风险基金。截至1996年,已经有了粮食、棉花、食油、猪肉、食糖、农药、钢材、铜、铝、成品油等商品储备以及相应管理机构。最后,发展各类中介组织。机电、金属、木材、副食、纺织、百货、餐饮等行业都建立了自己的全国性专业协会;出现了律师事务所、会计师事务所、审计事务所等专业性服务中介机构和国际工程咨询公司、中国劳务公司等从事经纪业务的经营性企业和公司。

四、流通体制改革深化阶段（2001~2007年）

在中国加入世界贸易组织，尤其是党的十六届三中全会之后，形成了国有、集体、个人及私营、外资多种所有制结构，大型百货商店、超市、专业店、专卖店、便利店等多种业态，连锁代理等多种经营方式共同发展的新型商业流通格局。这一阶段的流通体制改革主要是围绕着提升农村流通网络和规范商品流通市场展开。

1. 提高农村流通网络的现代化水平

2004年国务院办公厅发布《关于进一步做好农村商品流通工作意见》，要求加快发展农产品批发、零售市场和物流等搞活农产品流通；改善农村消费环境，建立健全农村消费品流通网络等培育农村消费品市场；同时规范发展农业生产资料市场。2005年商务部组织实施了以发展农村现代流通网络为主要内容的"万村千乡市场工程"；2006年商务部在全国组织实施"双百市场工程"，提高农产品流通企业的现代化水平，升级改造农产品批发市场；2006年5月商务部批准《农家店建设与改造规范》，促进和加强农产品现代流通体系的建设。与此同时商务部与国家开发银行签订协议，为农村市场体系建设提供融资便利。

2. 规范和监督流通体制运行

（1）深化流通管理体制改革，推进内外贸一体化进程。调整政府职能部门的设置，2003年撤销了国家经贸委、外经贸部，组建商务部，同时管理国内外贸易和国际经济合作进行，打破了我国内外贸分割管理近50年的局面。同时，配合中央机构设置改革，各地方政府成立商务厅（局），有20多个省区的内外贸管理工作统一到一个部门进行管理。积极转变政府职能，构建新型流通管理体制。政府主要负责流通发展战略、产业政策、行业规划、行业标准的制定和组织实施工作，信息的引导和应急调控，实施行业指导、监督、管理和服务。

（2）通过清理现有法规、设计法律框架和制定法规，构建了市场流通法律体系的基本框架，促进流通监督管理法制化。商务部组织清理了1988年以来商业部、物资部、国内贸易部（局）、国家经贸委发布的关于市场流通的法律文件1000余件，重点清理1933年以来发布的法律文件495件，分两批废止不适应当前市场流通形式的法律文件110件。初步设计完成了我国市场流通法律体系的框架，2005年商务部组织研究建立健全了我国市场流通法律体系的框架方案，包括市场主体、市场行为、市场秩序、市场调控与市场管理五个方面法规制度。国家制定和发布了《反垄断法》《期货交易管理条例》《外商投资商业领域管理办法》等一批重点法律和规章。

（3）建立健全市场运行监测体系以及应急管理系统，增强了运行调控能力。2005年，商务主管部门完善了生活必需品、重要生产资料、重点流通企业和特殊内贸行业管理4个直报监测系统；新建了社会信息搜索、专项调查、专家评估3个间接监测系统和全国商品流通数据库，形成了国内与国际、城市与农村、现货和期货密切相连的市场监测系统网络，并在此基础上创立了市场动态分析、市场专题分析、市场综合分析、商品供求分析、市场预警分析和宏观经济运行分析六大"信息品牌"，及时向社会公布市场供求信息，引导生产和消费。建立了商务部市场应急管理系统，覆盖31个省、自治区、直辖市，应急商品品种达到40种。增加了储备肉和边销茶成品储备规模，把握食糖、肉品等中央储备商品的收储和投放时机。

今天的商业已经进入"互联网+"的时代，电商规模日益扩大，网购逐渐成为市场新生代的主流购买模式，中国的商贸流通行业由于其巨大的需求潜力，已经为全球所瞩目，将成为未来的全球经济新引擎。

7.3 市场营销理论的作用及特征

市场营销学科（理论）的诞生和发展与现实社会中商业模式的发展及销售功能的演变密切相关，从其诞生至今有一个清晰的发展脉络。

一、初创阶段

19世纪末至20世纪30年代（1900~1920年），是市场营销理论的初创时期，其功能主要体现在对分销方法的贡献（提高了分销效率）。

社会背景：

工业革命后的资本主义国家，劳动生产率极大提升（得益于蒸汽机的发明、系列工业化产品的出现），社会产品极大丰富，产品由"卖方市场"逐步转向"买方市场"，其标志就是主要工业用品（煤炭、矿石、钢铁、棉花、布匹）的产量极大提高，库存数量规模空前，这时，对生产企业而言，快速的销售产品成为当时的主要问题，于是人们开始依据经济学原理，研究工业产品系统"分销"（distribution）方面的难题（一般是用总需求理论来解释供需之间的关系，但对市场操作无太大指导作用），但很快发现分销概念无法描述产品或货物分配所涉及的复杂因素和相关局面（因为它不仅仅和分销渠道有关系，定价、促销、销售政策这些因素都会影响到分销效果的好坏）。于是人们开始研究并运用"市场""定位"等一些基本的市场营销方法来解决这个问题。

二、发展阶段

经济危机时期对推销职能的贡献（充分发挥了营销人的能动性，推动消费的发展）。

社会背景：

1929年秋一场席卷全球的经济大萧条开始了，使企业面临前所未有的困难（1929年爆发的这场世界性的经济危机，危机持续时间长，其间美国倒闭了13万家企业，失业人员达劳动力人口的1/4，马克思在他的《资本论》中有详细的论述）。一方面产品相对过剩（牛奶被倾倒、布匹被烧掉），另一方面消费者的潜在需求未得到满足，这种危机和机会并存的状态，对当时的企业刺激非常大，迫使企业不得不采取各种方式加大产品的推销力度，以使企业尽快摆脱危机和萧条的影响。这种社会现实形势要求理论的发展要加快向市场和企业行为学方向的研究；使美国学术界和企业界将市场营销理论从创立阶段推向更深层次，市场营销的职能研究热潮到来了。

三、成熟阶段

对资源整合的贡献："二战"后到20世纪60年代末期——营销理论的整合（1946～195年）。

社会背景

"二战"以后，世界范围内的资本主义势力急剧衰落。一批殖民地国家摆脱帝国主义的统治，成为独立的新兴国家，一批社会主义国家也走上了独立自主的发展道路。以美国为首的资本主义世界市场变得相对狭小，在战争中急剧膨胀起来的美国大企业集团及其过剩的生产能力急需寻找新的出路，市场竞争日益激烈。市场营销又一次迎来了迅速发展的机遇，一股整合营销理论的浪潮随之到来，市场营销理论发展的"黄金年代"到来了。

四、理论分化与扩张阶段

及至当代，美国经济遇到了一次严重的经济危机和工业结构性危机，促使政策结构经历了一次大调整。

社会背景：

1981年，里根上台后提出经济复兴计划，对宏观经济政策目标进行了大调整，同时美国的产业结构和产业组织结构也进行了大调整，新兴的高技术产业迅速崛起和不断发展。而且，美国在注重发展高技术和知识信息产业的同时，对日趋衰落的老产业也加紧进行全面技术改造和企业组织结构的优化，使企业的设备和产品提升了高新技术含量，产品的竞争实力得以提高。同时，企业的组织结构和经营管理也进行了一次较大的改革，掀起了一个"企业合理化"运动，并实现了企业管理理论的创新。

第八章 营销综合素质实训

8.1 职业概述

《劳动法》是我国各级机构、用人单位及个人在劳务用工过程中的主要依据；在我国对劳动关系及劳动者进行管理的机构是人力资源和社会保障部门，从职业概念的认定到个人职称、薪酬福利待遇的核定，都有详细的管理规定。《中华人民共和国职业分类大典》是从国家层面对职业和工作岗位进行定义、分类及解读的权威参考，其中对营销类岗位共做出过如下定义。

一、营销工程技术人员的定义

营销工程技术人员（2-02-34-06）：从事市场分析与开发研究，为企业经营决策提供咨询，并进行产品宣传促销的工程技术人员。从事的工作主要包括：

A. 进行市场调研，收集市场信息，分析市场动态；
B. 根据消费者需求变化，提出开发新产品的计划；
C. 根据市场变化，提出产品定价和调整建议；
D. 参与企业经营战略的制定，策划产品销售、促销方案并组织实施；
E. 设计并实施用户服务系统，组织开展售后服务活动。

二、其他类似岗位

1. 营业员（4-01-01-01）。
2. 其他营业人员（4-01-01-99）。

3. 推销员（4-01-02-01）。

4. 其他推销、展销人员（4-01-02-99）。

5. 商品监督员（4-01-07-01）。

6. 市场管理员（4-01-07-02）。

7. 摊商（4-01-99-03）

三、按照职级划分的职业等级

国家职业资格共分为两个层次五个级别：技术工层次，包括五、四、三级和技师层次，包括二、一级；营销师是从原来的推销员升级以后与国际惯例接轨后的一个新职业，现在执行全国统一鉴定，根据营销师国家职业标准的规定，对五个级别的能力及胜任要求如下：

1. 五级从业人员：熟悉商品学知识、商务礼仪知识，具备必要的沟通技能，能正确地使用和推荐商品，会商品包装的基本技能。

2. 四级从业人员：除具备五级从业人员要求外，具备初级财务管理知识、熟悉消费者心理，能熟练地进行商品进销存管理，能准确地进行商品盘点和账务核对。

3. 三级从业人员：除具备以上知识和技能外，具备市场调查与预测知识、营销策划等相关知识，具备进行信息调研和分析、营销策划、大客户推销、客户管理及初级团队建设技能。

4. 二级从业人员：除具备以上知识和技能外，应具备财务管理、人力资源管理、企业管理等基础知识，具备新产品设计和规划、营销制度建设、渠道开发与拓展、营销团队建设等关键技能。

5. 一级从业人员：除具备以上知识和技能外，应具备市场预测、企业文化建设、组织建设、营销战略规划等基础知识，具备营销战略制定、组织文化创建、组织机构设计及建设等基本技能。

四、市场营销从业人员现状及趋势

现在社会上把营销人员简单地称为营销业务员，也叫"跑业务的"。其实，企业市场营销机构是一个庞大的系统，由很多部门组成，自然也就包含很多工作性质不同、能力要求不同、薪酬体系不同的众多营销类岗位。

如果你分别走访快速消费品生产类、零售服务类、批发代理类、商务服务类等行业的典型代表企业，你会发现对于类似工作内容的岗位他们都有着不太一样的岗位称呼，比如"业务员""客户经理""业务担当""销售主管"等，不同国家背景的企业对营销类岗位的称呼差别更大，比如"KA主管""品牌督导""营运总监"等。抛开这些纷繁复杂的称谓，从众多名称的岗位工作性质及内容要求来划分，市场营销类岗位可以分为两大方向：营销类岗位与销售类岗位，而营销类岗位可以细分为市场调研类岗位、营销策划类岗位；销售类岗位可以细分为产品销售类岗位和客户服务类岗位。

产品销售类岗位：

产品销售类岗位是市场营销岗位群中需求量最大的一类岗位。在不同行业中被冠以不同称谓：销售顾问、营销业务员、业务代表、销售代表等。如果要走入销售类岗位的内在环境，则必须对其所在行业、销售产品、工作内容有深刻的了解。

产品销售类岗位的职位概述如下：建立、维护、扩大销售终端，完成分销目标、分销计划。其岗位职责有：

（1）负责在辖区内建立分销网，扩大公司产品覆盖率；

（2）按照企业计划和程序开展产品推广活动，介绍产品并提供相应资料；

（3）对所管辖的零售店进行入店培训、货品陈列、公关促销等销售活动；

（4）建立客户档案，统计日常销售信息，完成相关销售报表。

产品销售类岗位主要工作是面对客户，进行任务达成，是市场营销类岗位中的一线岗位。对从业者的沟通能力、谈判能力、心理承受能力要求极高；产品销售类岗位工作时间不固定，工作地点、方式不固定，对从业者的身体和自我调节能力要求也很高；该岗位流动性大、入职门槛低、对学历和专业要求不高，因此竞争激烈；该岗位的薪资发放绩效比例占比很大，在我国南方很多地方推行"无保底工资制"，全凭销售业绩比较能力的高下，可以说竞争是非常残酷的。但是，这个岗位是走入市场营销领域的第一关，入职门槛低、成功门槛却很高，今天营销领域的很多精英人物，没有一个不是从这一关拼杀起来的。

营销类的其他岗位特点和工作要求，请同学们在本章的实训项目中独立完成。

8.2 市场营销从业者的职业精神

营销人的职业精神是市场营销从业人员对工作的认知态度和行为操守的综合表述，在国家职业标准中，对该职业的职业道德有清晰的要求。

一、市场营销职业道德

职业守则:坚持四项基本原则,遵纪守法;坚持为消费者服务的思想;秉承良好的售后服务意识。

除了国家宏观层面对职业道德的要求以外,在行业内的各家企业里,也非常重视对从业人员职业道德的要求和培养,那些在市场营销领域获得不同凡响业绩的最为人乐道的反而是他们身上那些卓越的优秀品质。

二、无人能及的乔·吉拉德

1. 乔·吉拉德(Joe Girard),原名约瑟夫·萨缪尔·吉拉德,1928年11月1日出生于美国密歇根州底特律市,是美国著名的推销员,也是吉尼斯世界纪录大全认可的世界上最成功的推销员,从1963年至1978年总共推销出13001辆雪佛兰汽车。吉拉德年纪轻轻就已经开始工作,高中退学后做过各种各样的工作,1963年进入一间底特律的汽车经销公司工作,首日就卖出一辆车,后又在密歇根州Eastpointe的Merollis雪佛兰工作,并在该地工作到退休。乔·吉拉德是世界上最伟大的销售员,连续12年荣登世界吉尼斯纪录大全世界销售第一的宝座,他所保持的世界汽车销售纪录至今无人能破。

2. 业绩传奇

创造了伟大的传奇:连续12年被《吉尼斯世界纪录大全》评为世界零售第一。连续12年平均每天销售6辆车——至今无人能破。被吉尼斯世界纪录誉为"世界最伟大的销售员"——迄今唯一荣登汽车名人堂的销售员。乔·吉拉德创造了5项吉尼斯世界汽车零售纪录:

(1) 平均每天销售6辆车;

(2) 最多一天销售18辆车;

(3) 一个月最多销售174辆车;

(4) 一年最多销售1425辆车;

(5) 在12年的销售生涯中总共销售了13000辆车。

3. 靠执着与苦功扭转人生

乔·吉拉德很有耐性,不放弃任何一个机会。或许客户五年后才需要买车,或许客户两年后才需要送车给大学毕业的小孩当礼物;没关系,不管等多久,乔·吉拉德都会隔三岔五打电话追踪客户,一年十二个月更是不间断地寄出不同花样设计、上面永远印有"I like you!"的卡片给所有客户,最高纪录曾每月寄出一万六千张卡片。"我的名字'乔·吉拉德'一年出现在你家十二次!当你想要买车,自然就会想到我!"展示着过去所寄出的卡片样本,乔·吉拉德的执着令人折服。

乔·吉拉德还特别把名片印成橄榄绿,令人联想到一张张美钞。每天一睁开眼,他逢人必发名片,每见一次面就发一张,坚持要对方收下。乔·吉拉德解释,销售员一定要让全世界的人都知道"你在卖什么",而且一次一次加强印象,让这些人一想到要买车,自然就会想到"乔·吉拉德"。

乔·吉拉德有一个特别的习惯,喜欢在公众场合"撒"名片,例如在热门球赛观众席上,他便整袋整袋地撒出名片,他耸耸肩表示,"我同意这是个很怪异的举动,但就是因为怪异,人们越会记得,而且只要有一张落入想买车的人手中,我赚到的佣金就超过这些名片的成本了!"

直到现在,乔·吉拉德还是保有到处广发名片的习惯,他说虽然已经不卖车,却还是卖书、卖自己的人生与行销经验,寻求各种可能的演讲与曝光机会。因此,到餐厅用完餐,他总是在账单里夹上三四张名片及丰厚的小费,经过公共电话旁,也不忘在话机上夹个两张名片,永远不放弃任何一个机会。

花了三年时间"扎马步",乔·吉拉德很快打响了名号,让人生演出大逆转。他第三年卖出343辆车,第四年就翻涨,卖出614辆车,从此业绩一路长红,连续12年成为美国通用汽车零售销售员第一名,甚至变成世界最伟大的汽车销售员。

三、销售之神原一平

1. 原一平,从事于日本寿险业,近百万的寿险从业人员没有一个人不认识原一平。原一平曾是被乡里公认为无可救药的小太保,但他用自己的汗水和勤奋、韧力和耐心走过了这条保险销售的荆棘路,创造了世界奇迹,最后成为日本保险业连续15年全国业绩第一的"推销之神"。这种精神,值得所有后来人学习和敬仰。

2. 艰难的开始,面试之初,原一平"斗胆"许下了每月推销10000元的诺言,但并未得到主考官的青睐,勉强当了一名"见习推销员"。没有办公桌,没有薪水,还常被老推销员当"听差"使唤。在最初成为推销员的七个月里,他连一分钱的保险也没拉到,当然也就拿不到分文的薪水。为了省钱,他只好上班不坐电车,中午不吃饭,晚上睡在公园的长凳上。然而,这一切都没有使原一平退却。他把应聘那天的屈辱,看作一条鞭子,不断"抽打"自己,整日奔波,拼命工作,为了不使自己有丝毫的松懈,他经常对着镜子,大声对自己喊:

"全世界独一无二的原一平,有超人的毅力和旺盛的斗志,所有的落魄都是暂时的,我一定要成功,我一定会成功。"他明白,此时的他已不再是单纯地推销保险,他是在推销自己。他要向世人证明:"我是干推销的料。"

功夫不负有心人,他依旧精神抖擞,每天清晨5点起床从"家"徒步上班。一路上,他不断微笑着和擦肩而过的行人打招呼。有一位绅士经常看到他这副快乐的样子,很受感染,便邀请他共进早餐。尽管他饿得要死,但还是委婉地拒绝了。当得知他是保险公司的推销员时,绅士便说:"既然你不赏脸和我吃顿饭,我就投你的保好啦!"他终于签下了生命中的第一张保单。更令他惊喜的是,那位绅士是一家大酒店的老板,帮他介绍了不少业务。否极泰来,从这一天开始,原一平的工作业绩开始直线上升。到年底统计,他在9个月内共实现了16.8万日元的业绩,远远超过了当时的许诺。公司同人顿时对他刮目相看,这时的成功让原一平泪流满面,他对自己说:"原一平,你干得好,你这个不吃中午饭,不坐公车,住公园的穷小子,干得好!"

3. 在原一平奋斗史中,最受寿险推销人员推崇的是三恩主义:社恩、佛恩、客恩。

原一平是明治保险公司推销员,能成为保险巨人,并被尊称为"推销之神",他并没有傲慢自大,反而谦卑为怀,口口声声感谢公司的栽培,没有公司就没有现在的他,原一平十分尊敬公司,晚上睡觉却不敢朝向公司之方向。这就是"社恩"。

原一平一生成长的历程,除了自己刻苦奋斗外,还有贵人串田董事长、阿部常董其功不可没。不过,他内心里最感谢的是启蒙恩师吉田胜逞法师、伊藤道海法师,因为没有他们的一语道破及指点迷津,或许原一平还只是一名推销的小卒呢!这就是"佛恩"。

谈到"客恩",就是对参加的客户心怀感谢之心。对每位客户有感谢的胸怀,才能对客户做无微不至的服务。据原一平自称:他的所得除10%留为己用外,其余皆回馈给公司及客户。

就是在这三恩主义的指导之下,原一平才取得了那么多的成就。推销是一条孤寂的路,遭到的白眼和冷遇都远远超过其他行业,然而,独一无二的原一平用自己的汗水和勤奋、韧力和耐心走过了这条荆棘路,创造了世界奇迹,成为所有人为之敬佩的"推销之神"。这种精神,值得所有后来人学习和敬仰!

四、"一团火"精神张秉贵

1. 张秉贵(1918年~1987年9月18日),北京人,北京市百货大楼售货员,全国劳动模范。张秉贵作为一名优秀的共产党员,他以"为人民服务"的热忱,在平凡的售货员岗位上练就了令人称奇的"一抓准""一口清"技艺和"一团火"的服务精神,成为新中国商业战线上的一面旗帜;在他生前许多外地顾客慕名而来,就是要为了目睹他那令人称奇的技艺和"一团火"的服务精神;张秉贵被誉为"燕京第九景",是首都人民群众对张秉贵售货艺术的美誉。

2. 20世纪50年代初,新中国百废待兴,即将开业的北京百货大楼招聘营业员,尽管规定只招25岁以下的年轻人,但已经36岁的张秉贵因有"多年的经商经验"而被破格录取。他做梦也没想到能当上"新中国第一店"的售货员,在宽敞明亮的柜台前体面地为顾客服务,他感到无比光荣,因此更坚定了为人民服务的信念。从这一信念出发,他从1955年11月到百货大楼站柜台,30多年的时间接待顾客近400万人次,没有跟顾客红过一次脸,吵过一次嘴,没有怠慢过任何一个人。

北京百货大楼当时是全国最大的商业中心,客流量大,加之物资相对匮乏,顾客通常要排长队。张秉贵便下决心苦练售货技术和心算法,练就了令人称奇的"一抓准""一口清"技艺。所谓"一抓准",就是指张秉贵一把就能抓准分量,顾客要半斤,他一手便能抓出5两;"一口清"则是非常神奇的算账速度。遇到顾客分斤分两买几种甚至一二十种糖果,他也能一边称糖一边用心算计算,经常是顾客要买多少的话音刚落,他就同时报出了应付的钱数。后来他又发明了"接一问二联系三"的工作方法,即在接待一个顾客时,便问第二个顾客买什么,同时和第三个顾客打好招呼,做好准备。他在问、拿、称、包、算、收六个环节上不断摸索,接待一个顾客的时间从三四分钟减为一分钟。他不仅技术过硬,而且注重仪表,坚持每周理发,每天刮胡子、换衬衣、擦皮鞋。张秉贵还注意研究顾客的不同爱好和购买动机,揣摩他们的心理,为了精通商品知识,每逢公休日别人都在家休息的时候,张秉贵却蹬起自行车,来到工厂、医院和研究单位,仔细了解糖果知识。

由于熟悉顾客和商品的特点,张秉贵甚至可以针对一些特殊的顾客推荐商品:对于消化不良的顾客,他介绍柠檬糖或咖啡糖;对于肝病患者则介绍水果糖;对于嗓子不好的顾客,他便建议买薄荷糖……张秉贵通过眼神、语言、动作、表情、步伐、姿态等调动各个器官的功能,商业服务业的简单操作,被他升华为艺术境界,被喻为"燕京第九景",有一位拄着拐杖的老人,经常来欣赏他售货。这位老人说:"我是个病人,每天来看看您站柜台的精神劲儿,为人民服务的热情劲儿,我的病也仿佛好了许多。"一位音乐家看他售货后说:"你的动作优美,富有节奏感,如果配上音乐,是非常动人的旋律。"张秉贵把为人民服务的信念与本职工作密切联系起来,"站柜台不单是经济工作,也是政治工作;不单是买与卖的关系,还是相互服务的关系。""一个营业员服务态度不好,外地人会说你那个城市服务态度不好,港澳同胞会感到祖国不温暖,外国人会说中华人民共和国不文明。我们真是工作平凡,岗位光荣，责任重大！"在百货大楼的 30 多年，张秉贵腰板挺直地站在三尺柜台里，接待了几百万顾客。他将自己的柜台服务经验，编写成《张秉贵柜台服务艺术》，并到各单位表演、讲课，听众达十多万人次。

张秉贵用自己心中的"一团火"，温暖着每一个顾客的心；他是中共十一大代表，第五、第六届全国人大代表。1957 年，张秉贵被评为北京市劳动模范。1978 年，他被北京市授予特级售货员称号。1979 年被国务院授予全国劳动模范称号。

以上这些营销领域基层大人物的先进事迹相信已经感染了你，销售业绩是打给辛勤付出者的分数，每一位初次步入职场的新人都要牢记这点：树立一个端正的职业态度，培养积极上进的职业精神。

8.3 营销职业生涯规划与路径

职业目标的确定是需要同学们把现实环境和个人的理想远景结合起来考虑的，营销专业的学生大职业目标是明确的，但是如何把目标制定得科学合理、易于实现，这就需要进行职业生涯目标分解了。

一、职业生涯目标分解

职业生涯目标分解就是根据观念、知识、能力差距、将职业生涯的长期、远大目标分解为有时间规定的长、中、短期分目标，直至将目标分解为某确定日期可以采取行动的具体步骤。这是一个将目标清晰化、具体化，将目标量化成可操作实施方案的过程，这也是实现个人远大理想的一条职业路径。

二、职业生涯目标分解方法

我们一般通过两种途径来分解职业生涯目标。

（一）按时间分解

按时间分解是最常用的目标分解方法，也很容易掌握。首先，每位同学应该明确职业生涯的最终目标。最终目标取决于一个人的价值观、知识储备、能力水平，是对自身条件、社会环境、组织环境等主客观因素进行大量分析之后得到的结果。一旦确定职业生涯最终目标后，就不要更改，按照个人经历和所处的环境将最终目标细化为长期、中期和短期目标。

1. 长期目标

是指时间规划为 5 年以上的目标，通常比较粗略、不具体，有可能随着各种情况的变化而变化，具有战略性、挑战性和动态性的特点。长期目标为人生指明了方向，可鼓舞斗志，防止短期行为。它需要个人经过长期艰苦努力、不懈奋斗才有可能实现。确立长期目标时要立足现实、慎重选择、全面考虑，使之既有现实性又有前瞻性。

2. 中期目标

是指 3~5 年的目标和任务，它的内容要具体一些。中期目标的特点是：与长期目标一致；需要对目标的实现可能性做出评估；必须结合自己的意向和组织要求来制定；符合自己的价值观，能增强自己的成就感。

3. 短期目标

是指 1~2 年的目标，是中长期目标的具体化指标，主要特点是：要服从服务于中长期目标；明确、具体、切合实际且具有可操作性；明确规定目标的完成时间；目标可能是自己选择的，也可能是组织安排、被动接受的。

（二）按性质分解

美国职业心理学家施恩教授把职业生涯分为外职业生涯和内职业生涯。他指出外职业生涯是经历一种职业（由教育开始，经过工作期直到退休）的通路，外职业生涯的构成因素通常是由别人给予的，也容易被别人收回。外职业生涯因素的取得往往与自己的付出不符，尤其是在职业生涯初期。有的人一生追求外职业生涯的成功，但内心极为痛苦，因为他们不了解，外职业生涯发展是以内职业生涯发展为基础的。内职业生涯是指从事一项职业时所具备的知识、观念、心理素质、能力、内心感受等因素的组合及其变化过程。内职业生涯的构成要素一旦取得，就成为别人拿不走、收不回的个人财富。这就是个人职业生涯中的内外兼修理论。内、外职业生涯目标又包含下面一些内容。

1. 外职业生涯目标

（1）职务目标：职务目标在制定时应该具体，要和时间目标对应，比如业务员、业务主管、城市经理等。

（2）工作内容目标：即在不同岗位应该做出的具体工作业绩和日常工作内容，这通常是由你所在单位规定的。

（3）经济目标：职业的目的之一就是取得收入，经济收入是每个人生存的物质基础，要把它明确量化下来，作为激励自己的重要因素。

（4）工作地点和环境目标。

2. 内职业生涯目标

（1）工作能力目标：工作能力是对处理职业生涯中各种工作问题的能力的统称，如策划能力、调研能力、管理能力、创新能力等。

（2）工作成果目标：在很多组织里，工作成果都是进行绩效考核的一个重要指标，扎实的工作成果可以带来极大的荣誉感和成就感，也铺就了通往晋升之途的阶梯。

（3）提高心理素质目标：心理素质在当今社会越来越受到人们的重视，心理素质好的人会正视现实，努力克服困难，走向卓越。

（4）观念目标：是指对人、对事的态度、价值观。观念影响着人们的行动，也影响着组织、领导、同事、客户对自己的态度。

三、职业生涯路线的选择

设定了职业生涯目标之后，同学们还应该确定达到这一目标的职业生涯路线，也就是从哪一条路线发展，不同的路线对人员应该具备的基础素质要求不同，这也为我们揭示了每一个人都应该根据自己的特长和优势选择一条适合自己的发展道路。市场营销的职业生涯路线大致可分为五种类型，如表8.3.1所示。

表8.3.1　市场营销职业生涯路线类型

类型	典型特征	主要职业领域	典型职业通路
技术型	职业选择时，主要注意的是工作的实际技术或职能内容。即使提升，也不愿意提升到全面管理的位置，而只愿在技术职能区提升	市场、销售、计划、系统分析等	例如：市场调研、营销策划、品牌主管、市场总监
管理型	能在信息不全的情况下，分析解决问题，善于影响、监督、率领、管理组织成员，善于使用权力	主管、门店主管、区域主管	例如：业务员、城市经理、大区经理
类型	典型特征	主要职业领域	典型职业通路
稳定型	依赖组织，怕被解雇，倾向于按组织要求行事，高度的感情安全，无须太大抱负，追求平稳	内勤、物流管理、信息统计	营销内勤、物流主管、数据统计主管
创造型	要求有自主权、能施展自己的特殊才能，喜好冒险，力求新的东西，经常转换职业	策划、自主创业	销售、策划、职业经理人
自主型	希望自主安排自己的生活、时间、工作方式，不习惯被管理，对财富的追求愿望强烈	自主创业	自由职业者、老板

当然，有目标和行动计划是远远不行的，最重要的是落实行动。如果思而不行或遇到挫折就停滞不前，抑或是没有足够的毅力坚持下去，结果肯定是半途而废的。

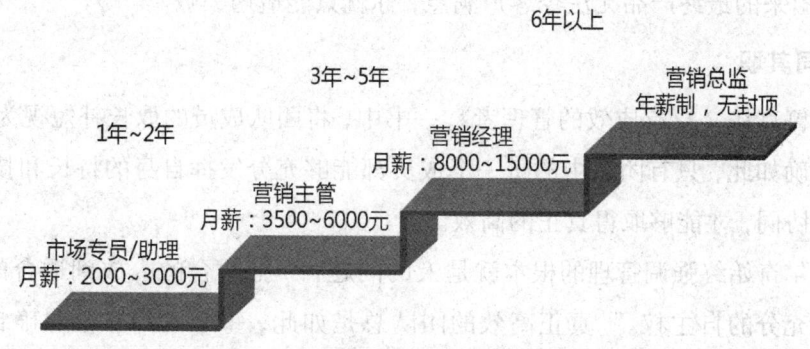

图 8.3.1 营销职业生涯发展示意图

8.4 高效团队的特征

尽管每一个成功的团队都有其不可替代的特质，但是它们也具备一些共同的特征，而且这些特征往往是团队取得成功所必不可少的。在研究打造高效团队这一课题的过程中，研究者发现，高效团队必定具备以下六个特征：效率至上、结果导向、各司其职、目标一致、高度协同、快速反应。

一、高效团队的六大特征

（一）效率至上

尽管效率不等于高效，但是要取得高效，高效率是根本。多数企业将团队效率视为第一要素。在他们看来，不能够取得高效率，一切都毫无意义。为什么？因为今天的企业面对的是一个竞争异常激烈的时代，在这个时代，最重要的因素便是速度。唯有速度才可以使企业获得成功。速度首先意味着效率，没有高效率，就不可能获得高速度。高效团队信奉"效率为王"，目标确定好之后，决定团队成败的关键因素便是效率。

（二）结果导向

高效团队的第二个共同特征是"一切以结果为导向"。无论企业取得了多么杰出的成就，但是如果与最初的目标不相一致，在他们看来就是失败。

高效团队中的每一个成员每时每刻思考的都是如何实现当初的目标，他们知道结果决定一切，因为结果象征着团队所创造的价值，而企业的发展正是依靠每一个团队所创造出来的价值。同样，结果决定着客户的态度。无论你具有多么良好的态度，或是提供多么便捷的服务，如果生产出来的最终产品无法令客户满意，你就只能遭遇失败。

（三）各司其职

彼得·德鲁克在《卓有成效的管理者》一书中，将团队成员的取长补短视为取得高效的关键因素。的确如此，只有团队中的每一个成员都能够充分发挥自身的特长和技能，并且产生一种高度的协同，才能够取得真正的高效。

杰克·韦尔奇始终强调管理的根本就是人的问题："把适合的人放到适合的位置上去，然后给予他们充分的自主权。"真正高效的团队总是如此，每个人都非常明确自身的职责，同时对自身有着高度的要求。

（四）目标一致

如果说团队是有灵魂的，那么这个灵魂必定是团队的目标。只有抱着共同的目标，才能够将一个由多人组成的群体凝聚为息息相通的团队。一支高效的团队必定拥有一个共同的目标，而且这一目标会渗透到团队成员的骨髓之中。目标是否一致是评价一个团队是否具备凝聚力的核心标准，只有团队中的每一个成员都清楚地知道团队的目标，并且深刻理解自身在实现这一目标过程中所承担的职责，团队才能够取得高绩效。

（五）高度协同

高度协同是一支团队能否实现目标的基础要求之一。有人研究过众多失败的团队，它们往往出现两种原因：一是超出了预定的时间，错过了良好的市场机会，最终处于被动地位；二是消耗的成本和资源过多，尽管实现了目标，却因此使企业陷入了严重的财务危机。而这两种情况的产生恰恰反映出团队协同性不足，时间和精力如果大量用在沟通和解释上时，效率必然低下。

（六）快速反应

成功的团队通常有一个重要的特征，那就是当外界环境发生变化时，迅速采取措施，把握机会，成为领先者。一个具备快速反应能力的团队往往具备以下一些特点：对自身所处的环境异常敏感，能够及时把握环境的变化，并结合实际情况采取行动；在确定了新的任务和目标之后，能够迅速使团队每一位成员都全身心地投入其中；在面对问题时，团队所有成员群策群力，寻求解决方案。

以上是一支高效团队所应有的六大特征，也是每个团队所期望实现的团队目标。要实现这一目标，要求成员应该快速融入团队，具有强烈的团队精神。那么团队成员如何才能快速融入团队呢？

二、快速融入团队

成员必须先了解团队才能融入团队，比如团队的历史、性质、产品、规模、体制、优劣势等；要融入团队必须热爱你的团队，热爱你的工作，通过你的努力获得大家的帮助和认可；要融入团队必须竭力推荐自己，使大家了解你。此外，还要掌握融入团队的技巧和方法。

（一）处理好与领导的关系

不同的领导需要下级用不同的方式与其相处。要学会尊重领导的价值观、行为方式以及兴趣爱好，不要对领导构成威胁。必要时还要和领导共同的兴趣爱好，以便有更多的共同语言，不能让领导觉得你可有可无。

（二）处理好与同事的关系

要有执行力，促使自己成为大家需要的人。要积极参与团队的各类集体活动，和大家建立良好的人际关系，以便大家能够尽快了解你，增加对你的信任感，解除对你的隔阂。但要对同事一视同仁，避免亲疏有别，把自己划入某个小圈子。

（三）多为他人考虑

一个忠于职守的团队成员做事时应该多为团队考虑，大到出差，小到复印资料，在保证完成好本职工作的前提下，应该本着高效节约的原则，能省则省，一个处处为团队考虑的人肯定会受到大家的欢迎。

（四）做个好的听众

不要高谈阔论，滔滔不绝，当别人提出话题时，不能扭头就走。工作中应专心、认真、细心地把事情做好；同事或主管表达意见或做出指示时，应该专心而诚恳地倾听，以示对他人的尊重。

（五）承认别人的价值或成就

当别人取得成就时，不能有如此的想法：他有什么了不起？那种小事，谁都可以做。这些想法会妨碍个人的成长，更会制造隔阂；相反，应该随时让别人知道他在你心中很有分量。

第九章 销售顾问综合业务实务

9.1 视觉营销与品牌设计

VMD 的英文全称是"Visual Merchandising"的缩写,中文有时候又翻译成"视觉营销或商品计划视觉化"。是从商品计划到进货、内部装修、道具设计、陈列、表现等的店铺环境表现,直至卖场的 POP、标识、告示板等图形表现,把店铺想要向顾客传达的消息用可见的形式表现出来的技术。VMD 不仅仅是一种方法,还是一种理念,就像会计除了是一种工具以外,更是反映并指导企业战略的一面镜子。中国的 VMD 理论主要来自日本,而日本是从美国学到后自己使用、改良并活用的专有词汇。在美国使用视觉化商品营销,简称 VM。不过,VMD 在日本还属于有待改进和发展的领域,在中国的真正运用就更加少之又少。

一、VMD 的发展

日本发展出来的 VMD,区别于最早在欧洲起源的视觉展示(display)。当爱马仕、LV、GUGGI 等大品牌凭借自己一流的做工和设计,逐渐成为上流社会的心头之好,甚至皇室的专供品,它们的商品展示也成为一种身份地位的显耀,平民对于它们只能仰望,抑或当作自己努力的梦想蓝图。该技巧进入日本是在 100 年之前,原先的日本商品销售也是单一地呈现。但店家对于和服的销售改变了传统商业思维。店家一改面料的单一销售,而把面料制作为和服成衣进行展示,以招揽客户;之后,又添置搭配包、木屐、家庭用品,再演变又加入男装、童装一同进行贩卖,制造出女性生活的不同场景,满足家庭成员的不同需求。1987 年亚洲金融风暴，导致日本零售业不景气，商品积压严重。专业的视觉展示设计者人工费太贵，商家想节省该笔开支，却促进了能提供一定标准规则的 VMD 专业的发展。这一套理论，经过短期培训，能让工作十年和工作十天的工作者一样操作。因此，店家能在此基础上节约一大笔花销。VMD 的运用，首先强调的是专业性，而非熟练度。

在当下，靠商品自身拉开与其他商品之间的差距，吸引消费者前来购买，变得越来越难。多种品类商品同时销售趋势之下 VMD 的作用就是要促进顾客迅速明白店铺主题。因此，VMD 要不断注入附加值，而不局限销售商品实体本身。例如，卖家具，最好的方案是提供整体的生活方式，让人能拥有所购买的家具后，自己所能享受到的生活场景。再例如，在超市，意大利面旁边搭配番茄酱；鱼肉货架旁可以搭配白葡萄酒；红肉货架旁可以搭配红葡萄酒；蔬菜货架旁边可搭配不同作料……这些"整体销售"的方式，正在更为广泛地被采用。VMD 可以帮助人们在多种商品同时呈现时，让顾客更加迅速地领悟到店铺所要表达的主题以及看到主打商品。

二、VMD 的主要内容

视觉营销是将 MD（merchandising 商品/商品企划）、SD（store design 卖场设计与布局）、MP［merchandise presentation 陈列技法（VP、PP、IP）］有机结合而营造的一种店铺氛围，完美地展示给目标群体的一种视觉表现手法。这种氛围明确地传达出品牌风格与定位，同时迎合目标消费者的心理需求与消费需求，达到品牌宣传与商品销售目的一种过程。MP（陈列技法）中主要包含三个内容：VP、PP、IP。但是这三个概念在不同的品牌又是如何应用呢？它们之间的比例又该如何把握呢？

1. VMD 的作用是基于人体原理之上实施的理论

在掌握 VMD 之前，首先要对人体生理基本原理有大概的了解：人通过五官获取信息，其中有 70%～80% 是通过视觉获取，因此视觉营销很重要。人眼会对明亮的事物感兴趣，但明亮的程度也很讲究，刺眼的反而不会吸引客人；另外，人眼能识别 750 万种色彩（相比苹果电脑的配色在 125 万种要多很多），如果店铺内商品的选择有限，那么可通过颜色搭配，勾起消费欲望。

同时，有趣、丰富感和整洁是 VMD 的三大基本要求，而视线高度（顾客看到商品的视线角度）和手的高度（顾客所能触及的）这两个指标也十分关键，前者决定了顾客容易走进店铺，后者决定了顾客的"易触及"。只有两者高度适中，顾客才有可能"易懂易购"。

2. VMD 的理论架构分为 VP、PP、IP

（1）VP（visual presentation）：视觉展示区，它的主要任务是让顾客目光停留，通常摆放在显眼的商场动线入口处或店铺主要橱窗位置，是由 2 个以上模特组合而成的区域，十分个性化，反映品牌当季主题和风格。

作用：表达店铺卖场的整体印象，引导顾客进入店内卖场，注重情境氛围营造，强调主题。

备注：VP 是吸引顾客第一视线的重要演示空间。

地点：橱窗、卖场入口、中岛展台、平面展桌等。

担当：设计师/陈列师。

（2）PP（point presentation）：视觉重点展示，它的主要任务是吸引顾客对每个单个商品的关注。通常摆放在店内展柜之间或挂墙、高置等单独展示。

作用：表达区域卖场的印象，引导顾客进入各专柜卖场深处，展示商品的特征和搭配，展示与实际销售商品的关联性。

备注：PP 是顾客进入店铺后视线主要集中的区域，是商品卖点的主要展示区域。

地点：展柜、展架、模特、卖场柱体等。

担当：售货员、导购员。

（3）IP（Item Presentation）：单品陈列—类商品的展示区域，它的主要任务是相同的商品按颜色、大小顺序摆放，顾客可从 IP 区轻松选择到自己要的款式和尺寸。

作用：将实际销售商品的分类、整理，以商品摆放为主。清晰、易接触、易选择、易销售的陈列。

备注：IP 是主要的储存空间，是顾客最后形成消费的必要触及的空间，也叫作容量区。

地点：展柜、展架等。

担当：售货员、导购员。

从以上内容可以看出 VP 是卖场中展示效果最好的，其次是 PP，接下来是 IP；但在不同的品牌中 VP、PP、IP 所占的比例各不相同，主要根据品牌类别及定位的不同而各有不同，例如休闲类服装通常 PP 在店铺中占比例比较大，量贩式都属于 PP 展示比较大的陈列模式；而中高档女装通常 IP 中侧挂占比较大。国内的例外、江南布衣都属于 IP 展示比较大的陈列模式；但 VP 展示现在越来越得到品牌的重视，很多品牌在原有卖场内的 PP 和 IP 展示的基础上加入更多的 VP 展示，例如韩国品牌 E. LAND 依恋及其下品牌都是属于 VP 展示较多的陈列模式。其实 VMD 的统筹就是品牌的形象的定位的统筹，而陈列模式的定位就是形象定位中的一环，不同风格、不同的类别的产品陈列的模式各有不同，如何让产品在卖场得到最好的表现同时又有与众不同的风格是品牌需要研究的课题。

三、VMP 操作的要领

1. 7 秒法则

行走的顾客在经过店铺 7 秒之前（一般顾客行走的速度在 1 米/秒，在距离店铺约 7~8 米时，也就是 7 秒的可视距离），不能判断是"什么店铺"时，会因不能引起兴趣而略过此店。因此，VP 展示区就很重要，模特的摆放角度，最好与走过来的行人产生对视感，加强交流，吸引顾客走过去，因此色彩和形式感很考究。即便不换形式，换一个符合季节的色彩，例如夏季用清凉的蓝色，冬季用温暖的橘色，也都可以给人焕然一新的感觉。

2. 3 秒法则

当顾客走到店铺前方 3 秒的距离时，如果没有好的 PP 指引，让顾客对具体商品提起兴趣，那么也无法让更多的顾客进店。掌握 PP 的重点在于，顾客不擅长一次性掌握过多的商品信息，要有突出的单个商品，并在色彩上跳脱出视线中的背景，让人第一眼看到 PP 展示的商品。

3. 规律性

IP 是某一类商品的展示区，切忌给人造成"堆砌"印象，那样就仿佛在说"我在甩卖"。例如销售基础款背心，VMD 的摆放通常很在意摆放时注意颜色上的渐变感，不至于冷色、暖色交错摆放，尤其是同款有多种颜色的情况下，这一点更加重要。同时，每种物品适合的展示量都不一样，过多会眼花缭乱无从下手，过少会因缺乏丰富度而放弃。

4. 中心线

人的视觉原理都是以中心线为最初关注点，然后再从中心线往两旁看。因此，中心线帮助理清主题也发挥了关键作用。不仅是视觉上，要有颜色的中心线之外，店铺内设计的动线也需要有中心线。如果店铺纵深很长，建议用中心线引导顾客往里走，最好用的办法是，在尽头使用亮而暖色的商品（例如，曾有实验，在同样的距离，同样的速度之下，你会觉得红色的车比黑色的车离你更近）。

由以上内容我们可以看到，VMD 不仅仅涉及陈列、装饰、展示、销售的卖场问题，还涉及企业理念以及经营体系等重要"战略"，需要跨部门的专业知识和技能，并不是通常意义上我们狭义理解的"展示、陈列"，实际它应该是广义上"包含环境以及商品的店铺整体表现"。

9.2 陈列设计与销售

商品陈列是指商品在货位、货架和柜台内的摆放和排列等。从促销的角度看，商品陈列可以作为最直接的实物广告对消费者产生影响。

一、商品陈列的作用

1. 可以分成展示商品的形态美和时尚美等，从而激发顾客的购买欲望。
2. 新产品和流行产品的陈列，能起到向顾客推介商品的引导作用。
3. 对于积压和滞销的商品，通过商品陈列进行巧妙的搭配组合，使其再度引起消费者的注意和兴趣。
4. 通过顾客对陈列商品的比较和选购，可促进企业间的竞争。
5. 可以反映出某种商品受顾客喜欢的程度，从而帮助企业生产或组织消费者需要的产品。

总之，商品陈列的主要目的是促进商品销售，方便消费者的购买。

二、商品终端陈列要素

其实产品陈列不是在有了产品以后再去考虑如何摆放，而是在产品开发时对于陈列的规划就已经开始。

1. 采用统一的设计元素。系列化产品在包装开发时应采用统一设计元素将不同的产品有机结合成一个整体，陈列到货架上才不会给人凌乱的感觉。例如宝洁飘柔系列产品尽管也分为蓝色、绿色、红色、黑色等七种颜色，但图案和瓶形的一致让所有飘柔产品形成统一风格。再比如国内中小企业一些洗化产品没有很好地运用元素将自己产品统一，颜色、瓶形、标贴的设计没有一个是统一的，因此陈列时也很难达到协调统一的视觉效果。
2. 要考虑适应产品的组合和多种陈列方式，例如产品在堆码上的展示效果，是否可以采用叠加、悬挂、倾斜、横卧等多种陈列方式。
3. 能为产品争取到更多的陈列空间。现在卖场的货架是寸土寸金，产品能够挤入货架已经是万幸，除非是前三甲的品牌，其他的很难争取到足够的陈列面积，因此产品设计时应考虑到如何有更多的陈列空间。养生堂的成长快乐儿童维生素片将瓶装产品用透明塑料塑封在纸板上，这样只要有挂钩的地方就可以将这个产品挂起来，很好地扩大了自己的陈列范围，让这个产品分布在卖场内的很多地方。如果不是有陈列上的规划，按照普通的方式最多只能在货架上占有几十公分的位置。

三、终端陈列位置的选择

研究表明，顾客进店后无意环视的高度为 0.7~1.7 米，上下幅度为 1 米左右。同时与人的视线本身大约成 30°角以内摆放的商品最易被顾客感受到。

在营业现场顾客直接可视的范围内，人的视场与所视物的距离有如下的对应关系，见表 9.2.1。

表 9.2.1 视场与所视物的距离关系

距离（米）	1	2	5	8
平均视场（米）	1.64	3.3	8.2	16.4

商品陈列不仅在高度上要与顾客的一般环视高度相对应，同时还要根据顾客与可视物的距离来确定商品陈列的合适位置，以提高顾客对商品无意环视的可视程度，使顾客能较快、较清晰地感受商品的形象，位置选择。除以上主要原则外还应注意：

1. 陈列一定要靠近你的主要竞争对手。

A. 记住"物以类聚、人以群分"这个古训，你的产品经常和什么产品在一起，长久以后消费者就会认为这都是一类产品。丝宝一直就恪守"靠近竞争对手"的陈列原则，在任何时候只要有宝洁在就一定"贴"在它旁边。通过这个策略成功将一个新品牌挤身一线品牌之列。

B. 同时你的主要竞争对手的消费群体也正好是你的目标消费顾客。你可以借它的号召力为你引来消费者。再通过促销人员和促销活动成功拦截对手的潜在顾客。

2. 设置堆码、端架要尽量争取最优陈列位置。

堆码、端架这些特殊优势的陈列方式能争取到已经是来之不易，而且价格不菲，一定要找准位置，否则不但没有任何效果，而且还要白白浪费终端投入的费用。

A. 端架或碓码可选在收银台附近，这是消费者购买前的最后一站，而且也是必经之地。

B. 靠近该类产品区域的前端，例如食品，那么就将这个堆码设置在食品区的前端，因为购买食品的消费者都必然要经过此处。

C. 比较集中的促销活动区域，这个区域会吸引很多消费者，就像有些消费者是拿着卖场宣传单找有促销或者特价的产品一样，消费者也会认为促销活动区域的产品更优惠。

D. 端架可以与自己产品陈列区分开以争取与消费者更多接触机会。例如产品陈列在货架前端，那么端架可以选择在货架的后端，这样一来增加了产品被顾客接触的机会。

E. 有些人流量很大的卖场通道区域不适宜设置堆码，尽管人流量大，但是由于停留时间短，没有给消费者一定了解、选择的时间，往往不会有好的效果。

四、商品陈列方法

1. 分类陈列法

引起消费者的注意。以将多种产品集中陈列、单一产品大面积陈列、促销活动主题化陈列等方式引起消费者注意。

2. 组合陈列法

与同类产品的合理化比较。将自己产品放到同一档次及类型的区域里可以形成品牌、品种、价格等与其他同类产品的合理比较，避免非同类型产品的不合理比较。体现产品的主次结构。不是对所有的产品平均分配陈列区域，而是要划分陈列区块的大小，陈列位置的好坏，有主有次地陈列产品。

3. 逆时针陈列法

增加产品与消费者的接触机会。无论是找到新的陈列位置还是扩大原来的陈列面积，产品与消费者接触的机会越多，销售的机会就越大。

4. 专题陈列法

体现和提升品牌形象。陈列是向消费者展示产品和品牌形象的途径，因此随时要注意是否有利于品牌形象的体现和提升。

5. 特写陈列法

合理利用陈列区域达到最大化销售。超市本身就是采用的淘汰制，不赚钱的品牌就会被撤下货架。作为厂家也要一样，要把货架充分留给畅销的产品和品种。最准确地拦截目标消费者。要分析卖场环境和消费者习惯，在目标消费者最有可能到达的地方陈列产品。

五、商品终端陈列操作要务

1. 争取最大陈列面积。你的陈列面积越大其他产品的陈列面积就会越小，你的产品被选择机会就越高。

2. 陈列区域尽量整齐，即使是不同规格的产品也要求在视觉上陈列面的外形也应该是方正的轮廓，这有利于吸引消费者同时又能体现出品牌的气势。将产品摆放整齐形成一个面，让消费者从远处就能看到。消费者是由远处到近处接近你的产品的。因此好的陈列从远处已经能分辨出那就是这个品牌的区域。

3. 要保证单一品种的足够陈列面积。通过笔者的观察,单一产品的大面积陈列带来的销售比同一陈列面积下多种产品的销售效果要好。一个品种的产品陈列面积太小很不容易对消费者产生吸引,更不容易让消费者产生信赖。尤其是一些新的品牌刚进入市场就极力丰富自己的产品品种并不是明智的选择,能将有限的陈列面积集中成一个整体更有利于品牌的树立和产品的销售,脑白金以前就只有一个品种的产品,舒蕾也只是推广有限的几个品种从而确立品牌的,比起一些中小品牌一进入终端就是几十种的产品,这种相对单一化的产品有着明显优势。

4. 将最好销的品种或主推产品放在最好的陈列面上。最佳陈列位是与视觉高度平衡的地方。俯视或仰视的角度越大位置就相对越偏。

5. 产品的排列要按照上小下大,上轻下重,邻近的颜色排列在一起,逐步色彩过渡的原则。

6. 根据产品出厂日期及时调整陈列。产品陈列要将时间靠前的产品放在前排以保持产品的正常流转。如果不注意先出厂先销售原则,往往会造成积压和退货,这种情况绝不只发生在保质期较短的食品、饮料行业,同样也出现在日化和其他行业,消费者也总是希望买更新鲜的东西,你不主动将先出厂的产品放在产品的最前面,慢慢就会有产品被积压下来直到退货。

7. 及时调换破损产品。有一个品牌的香皂在某一终端销售突然下滑,前往调查才发现其中有一香皂由于人为破坏的原因造成外盒破损,厂家没有及时将该产品调换下柜,所以消费者就以此认定该品牌香皂存在质量问题。不但影响了销售也损害了品牌形象。

8. 保持产品的整洁。保持产品表面的干净,在顾客将陈列产品弄乱的时候及时恢复为整齐的排列,始终给消费者良好的产品形象。

六、陈列效果的评估

现实工作中,很多公司对陈列模式都有统一的要求和规范的店堂设计,这时销售人员只要按照规定完成就可以了。

管理工具:K 值考核指标

K 值为某种商品在终端中的陈列空间占有率与该商品在终端中的销售金额占有率的比值,它一般要满足下面公式,才算陈列合格。

$$K = \frac{陈列空间占有率}{销售空间占有率} \geq 1$$

比如,某终端饮料共有 10 节货架,每月终端的饮料销售额为 10 万元,康师傅公司产品的销售额为 3 万元,即产品销售额占有率为 30%,因此,康师傅公司产品必须占有 3 节或 3 节以上货架才算陈列合格。

9.3 商品演示与消费者心理实务

商品演示活动需要提前做出设计,那么应该遵照什么样的流程,才能吸引到消费者呢?这是有参考依据的,消费者在接触商品的时候,基于其购买心理,往往会对以下几个问题特别关注,而对这些问题的有效解答就是营销人做商品演示流程的重要依据。

一、了解顾客心目中的问题

优秀的推销人员一定能够明白,顾客心目中常存在六大问题,虽然他们不说(或未说明),但你一定要给予明确的回答,否则交易会落空。

六个未说明问题	隐藏的推销问题	应对办法	案例	备注
我为什么要听你讲?	你是否已经提起了客户的兴趣	参见前章:初次会晤(但仍可以通过演示抓住顾客兴趣点)		
这是什么?	了解产品的愿望	介绍产品特征		
六个未说明问题	隐藏的推销问题	应对办法	案例	备注
对我有什么好处?	产品和需求的结合点	多介绍产品可以给客户带来的利益		
那又怎么样?	需要更多的信息强化其利益感	多介绍一些产品的附加优势,并且和客户的利益挂钩		
谁这样说的?	需要更多事实证明	找一位有声望的人士所说的话佐证		
还有谁买过?	需要找到购买安全的例子	提供大量满意客户的名单		
总结				

二、产品分析表

销售人员先准备好一个完整的产品特性及其利益的目录,然后根据不同的顾客,从中挑选合适的条目并将其个人化,以期打动他(她)。

案例:夏利汽车产品分析表

产品特征	产品优点	利益	满足动机	生动化表现方式
符合一般汽车的特征	理想的代步工具	免去蹬车、等车、风吹、日晒之苦	节约时间和体力	举几个极端化的例子:过年你买了一堆东西却打不上车……
车体小、功能简单	经济省钱	一般人可以承受,适合初次驾驶人员	先练手、熟悉、为以后换车做准备	个人事业的成功和座驾的变化
产品特征	产品优点	利益	满足动机	生动化表现方式
配件多为组装式	维修方便	节省维修保养费用	解决买得起用不起的矛盾	用事实说话,算账
多种颜色车型	产品富有个性	选择性(空间)	小小的偏好	图片展示
小巧、灵活	省油、便于停放	同上	符合实际问题	算账
比较耐用	报废期较长	处理时,也能卖个好价钱		指出处理途径、算账
留有个性化改造空间	可以按照需要适当改造	同上	更合适的性价比	展示或示范(驾车体验)
总结				

三、产品示范

用产品说话,比单纯的话术更能说服别人,有人作了一个实验:

由一家著名公司的销售人员做一次成功的演示;

由一家普通公司的销售人员做一次成功的演示;

由一家著名公司的销售人员做一次失败的演示;

由一家普通公司的销售人员做一次失败的演示;

其销售效果如上述排列,这说明,好的示范效果优于公司的品牌效应。

主要步骤:

A. 事先做好示范计划。

B. 重点考虑产品示范的环境。

C. 在示范过程中，应通过提问确保顾客理解每一项产品特征和优势的意思。

D. 鼓励顾客参与示范的每一步骤。

E. 示范应尽量针对顾客的具体需要。

四、辅助手段——视听设备

如果无法将产品的所有功能带到现场演示，销售人员可以利用视听设备，包括：图片、照片、录像、模型或模拟产品、幻灯或录音带、推销手册和目录、展示板、广告、多媒体等。

五、生动推荐

利用讲推荐故事的方法，即讲述一位曾经处于类似的购前情况，但已经得到满足的顾客的故事，推销人员可以制造一种对比效果。

注意：一个好的推荐故事应具备的要素：一个主人公遇到了问题、然后解决了问题、故事里要有对话（生动、有感染力）、给主人公加上姓名、工作单位、所在城市、电话号码、以增加故事的可信度。

六、展示投资回报

把消费说成投资，可以降低消费者的风险意识，利于促成交易。这可以强化顾客的投资信心，让其感觉物超所值。

七、保证和免费试用期

这是实现售后服务必要的一个环节，这是保证消费者满意的必要步骤，留住回头客，生意才能做大。

9.4 推销话术实务

推销洽谈的概念：也称推销面谈，是买卖双方为实现推销物品或服务的交易，就各种交易条件进行的协商活动。但在当代，推销洽谈不一定仅指面对面地洽谈，可以包括各种为达成交易而采取的正当方式。它包括诱发客户购买动机、处理异议、销售谈判、促成交易等主要内容。

一、推销洽谈的目标

1. 目标：通过设问，发现顾客的真正需要与问题，设法激发顾客的购买欲望，使顾客产生冲动，形成购买动机。其核心点是发现顾客的需要与问题。

2. 案例：很多电视购物的主角，都在自以为是的教训着观众，"你这样很危险！""你还犹豫什么?!""你知道吗?!"……的确销售人员作为主角，操纵和控制着顾客，很利于交易的达成，但这需要销售人员有高超的表达技巧和表演天才（比如卖拐），而且，绝大多数顾客不是"范师傅"，他们不喜欢"被卖"，而更多是因为"想买"。

识别问题的重要性：

根据马斯洛的观点：一种需要"是一种感觉，一种没有得到满足的感觉，会导致焦虑、紧张……然而一旦得到满足，就会产生强烈的幸福感"。可见销售需要购买者有购买的动机；如果遇到一些对自己目前的状况非常满意因而不想去改变的潜在顾客，销售人员首先应该激起顾客对现状的不满，使"顾客认知不和谐"，从而使他们愿意接受改变，而实现这一目的的方法，就是提出正确的问题。就好像医生看病一样，未经诊断开出的药方是毫无说服力的！

二、提问详解

1. 提问的价值

提问可以强化客户对问题的记忆深度；

提问可以为销售人员争取主动和时间；

问答可以加强双方的感情基础（比如搞对象的年轻人）；

提问可以获得必要的信息；

提问可以引导交易的进行。

2. 推销洽谈程序

（1）洽谈准备

A. 个人心理及必要准备（略）

B. 对客户的了解，参见前几节内容；

C. 罗列缺少信息清单：

对于潜在顾客的现状，我哪些方面尚未充分了解？

我是否需要潜在顾客购买需求的信息？

现在客户是否存在问题？突破点在哪？

我已经知道所有决策者了吗?
我是否需要竞争者的信息?
潜在顾客可能提出的拒绝理由是什么？如何应对?
企业组织文化是什么?

(2) 洽谈导入

直接设问，礼貌试探。

(3) 正式洽谈

主要技巧简介：

☆封闭式提问：

举例：你最近有没有投资计划？好比选择题。

优点：适用于双方开始交谈、改变谈论话题（昨晚的球赛看了吗?）和检验是否理解了对方的意见（你说是吧?）。也可鼓励那些对开放式话题没有反应、沉默寡言的顾客参与谈话。

☆开放式提问：

举例：你认为呢？你是怎样想的？好比简答题。

优点：让顾客能够详细地阐述他们对问题的观点。

案例：

注：无论哪种提问方式主要目的有三：开始信息交流；继续和改变信息交流；检验是否理解顾客的意思。

☆开始信息交流：是要概括出顾客的问题的实质，即识别顾客所处的现状与想要达到的状态之间的差距。建议多用封闭式设问。

☆交流后的开放式问题：这可以确认问题的其他部分；当顾客的脑子里已有不合逻辑的先入为主的看法，并对销售人员表现出抵制时，这种设问就有用了。

三个黄金问题：

(1) 请告诉我，在过去的三五年里，你对所发生的什么事最感到自豪？什么东西用过之后，使你感觉非常好？——可以揭示顾客对成功的定义。

(2) 哪些事情没有为你服务好？为什么？——可以找出客户"我现在如何"和"我希望怎样"之间的差距。

(3) 哪些方面你想去发展，但由于缺少时间或资源或其他原因而没有成功？——解释客户对于未来的看法（机会）。

☆继续和改变信息交流：

连续性问题——鼓励潜在客户对自己的陈述做进一步的解释！比如：还有呢？比如？只有以上这些吗？此外还有暂停、表示兴趣（肢体语言）等方式。

☆检验是否理解顾客的意思：

沟通在交谈中不可或缺，销售人员应该不时总结，注意要引导性总结（让客户多回答是）。

医疗用品采购案例：（罗恩：医院手术衣推销员，史密斯：S 医院采购）

罗恩：史密斯女士，我今天拜访你，是想看看你们医院是否可以从我们的新型的混纺手术衣中得到好处。（目的声明）

史密斯：好的。

罗恩：我不知道我可否问你几个关于你们现在的手术衣方面的问题？（提问请求）

史密斯：可以，请吧！

罗恩：目前你们是否在手术中使用全棉手术衣？（以一个封闭式问题开始信息交流，收集潜在顾客现状的信息）

史密斯：是的，我们是这样的。

罗恩：你们的医生感觉全棉手术衣怎么样？（以一个开放式问题揭示不满意的根源）

史密斯：既然你提到了，我就坦言，是有许多对此不满的言论。就在昨天，洗衣部的经理还对这些外科手术衣发表看法。

罗恩：你能具体说一下洗衣部经理的话吗？（以一个开放式问题继续交流信息）

史密斯：是这样的，他说这些手术衣很容易穿坏，而且洗衣成本很高。

罗恩：很有意思。（表示兴趣，鼓励谈话继续）

史密斯：是的，那些手术衣似乎必须熨烫，这当然提高了洗衣成本。很显然，护士和医生都抱怨这些衣服的样子。（罗恩点点头，身体前倾）

史密斯：手术室里的医生和护士说手术衣的样子很难看。

罗恩：他们不喜欢在出了手术室以后被人看到穿着那些难看的手术衣吗？（以一个封闭式问题检验自己是否理解了潜在顾客的讲话）

史密斯：是的，是这样。

罗恩：在订购新手术衣时，你考虑价格问题吗？（以一个封闭式问题改变谈论的话题）

史密斯：当然要看价格，但这只是其中一个因素。

罗恩：那么，使用手术衣的部门认为，其他因素，如质量、使用成本、服务等，也可能与价格一样重要，是这样吗？（以一个封闭式问题检验理解的程度）

史密斯：当然了。

罗恩：让我看一看我能否这样概括你所说的话。你们现在所使用的全棉手术衣使一些人感到不满意。洗衣部经理不喜欢这些寿命短且需要高额洗衣成本的衣服，外科全体人员都讨厌衣服的样子。同时,你作为采购代理人关心手术衣的价格,但这并不是决定性因素。你认为我所说的是不是事实?(在这个叙述里,销售代表明确了一个问题,同时准备进行介绍)

史密斯:是的,是这样的,对于这件事你有什么新办法?

罗恩:是的,我有……(现在他开始对自己产品的特性和优点进行介绍)

当销售员和客户取得了对问题的共识以后,在往下谈就好谈了,如果暂时没有达成共识,只有尝试再尝试!不要害怕多次会晤。

9.5 商业流程与销售流程实务

商业流程设计就是商贸类企业的进销存管理要求。进销存管理是对企业生产经营中物料流、资金流进行全程跟踪管理,从接获订单合同开始,进入物料采购、入库、领用到产品完工入库、交货、回收货款、支付原材料款等,每一步都需要提供详尽准确的数据。有效辅助企业解决业务管理、分销管理、存货管理、营销计划的执行和监控、统计信息的收集等方面的业务问题,如图9.5.1所示。

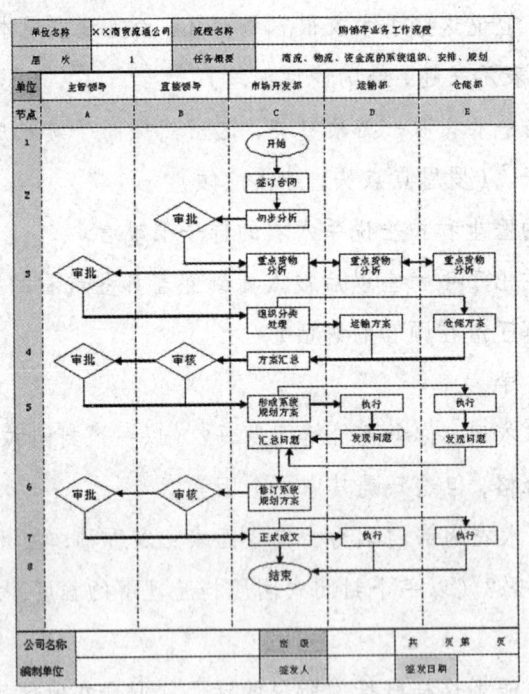

图 9.5.1 门店进销存业务流转示意图

一、进销存管理的业务内容

进销存管理又称为购销链管理,它包括:

进:指询价、采购到入库与付款的过程。

销:指报价、销售到出库与收款的过程。

存:指出入库之外,包括领料、退货、盘点、报损报益、借出、调拨等影响库存数量的动作。

随着信息技术的飞速发展,企业进销存的管理应用相应的软件使这一动态的进销存过程更加有条理,应用进销存管理软件,不仅使企业的进销存管理实现了即时性,结合互联网技术更使进销存管理实现了跨区域管理。

二、进销存商业管理系统的功能

(一)营销管理领域

1. 准确的采购进货管理

严密的取价控制,确保降低成本;采购变更的忠实记录,杜绝管理真空;分批进货控制和检验方式控制,直接复制前置单据的功能,提升采购人员的工作效率。

2. 完全掌握的库存管理

运用先进的 WEB 化物流管理理念及技术,集中统一管理各地仓库存货的进出状况,并提供商品在途管理、差异处理、安全存量预警、出货信用控制;提供循环盘点并支持不停业盘点,保证盘点作业轻松自如;针对高层更提供库存 ABC 分析表和呆滞分析等管理报表。

3. 完整的配销流程

提供对各种销售通路的集中管理,并通过 POS 系统及时地将各种销售信息传递到公司,进行销售分析和处理,为管理决策提供依据。

(二)财务管理领域

1. 会计总账管理

可建立多账套;提供科目预算管理功能;能按月份、部门、年度对比等各式利润表、资产负债表和现金流量表;按照独立利润中心和独立项目出具损益表;与其他模块整合,充分发挥信息化集成与整合的效果。

2. 应收应付管理

账款内容根据进货、出货等单据自动产生,并根据各类交易对象的不同结账方式,自动产生对账单；提供方便的收款与快速冲账功能，非进销货交易特别提供灵活的其他应收应付作业，让账款管理万无一失。

3. 自动分录系统

根据应收应付系统产生的相关结账单，抛转到会计总账系统中，自动生成会计凭证，大大简化填制单据的烦琐工作，免除了人为处理的操作错误。

4. 票据资金管理

提供多币种的银行收支账户管理、银行对账功能。特别提供银行资金预估表和运营资金预估表作为企业运营的重要参考指标。

三、常见的进销存软件使用介绍

进销存软件虽然种类繁多，但大多功能相似，发展至今，市面上常说的进销存软件已不是传统的进销存软件了，用户需求的也不仅仅是传统进销存的功能。目前，常用进销存软件产品构成：传统进销存＋POS＋分销管理。

（一）传统进销存

传统进销存是指企业管理过程中采购（进）→入库（存）→销售（销）的动态管理过程。它仅仅是将传统的手工记账转换成了电子做账，将企业印刷品的运营流程变成了软件记录的过程，同时也加入了数据的分析功能。

（二）POS

POS（point of sale）——销售点的意思，一般是一个消费店里的一个销售点，现在常指一个消费店里的一个收银点。具体的功能及设施如下。

产品功能点：

1. 产品销售：销售产品，收银管理。
2. 会员储值：会员充值管理。
3. 会员积分：会员消费积分以及积分兑换等管理。
4. 会员卡管理：VIP卡管理。
5. 考勤管理：收银班次考勤管理。
6. 小票打印：收银凭据打印。

其中附带硬件有：POS机、银联设备、超市电子秤等。

（三）分销管理

分销管理原指销售渠道的管理，这里是指连锁经营企业的配送、请配、收货等管理过程。分销管理是使用信息化工具及实时同步协议,让企业集中管理异地分支机构的需求,并将企业异地分销、远程配送、数据整合等有机结合在一起,总部可及时查询各分支机构的业务数据,满足企业现代化管理的需要。

(四) 盘点管理

盘点是指定期或临时对库存商品的实际数量进行清查、清点的作业,对仓库现有存货的实际数量与账面上记录的数量相核对,以便准确地掌握库存数量。

存货盘点表模板在存货盘点操作中广泛应用,是财务系统提供的一个重要存货管理功能。

它的特点是:

1. 显示盘点日账存数量;
2. 填入实存数后,自动得到盈亏数量;
3. 可自动生成盘点盈亏凭证。

存货盘点中它的使用过程是:存货盘点日从系统中导出存货盘点表模板,模板中含有盘点存货信息及账存数。在模板预设的实存数列中填入存货的实际盘点数后,将该盘点表模板引入到财务系统中。财务系统自动计算存货的盈亏数并自动生成盈亏凭证。

特别说明:

一些财务系统需要手工将 Excel 盘点表转换为特定的上传文件形式,并且手工选择匹配的字段后才能产生盈亏数和生成盈亏凭证。

有的财务系统不需人工转换匹配,直接上传存货盘点表模板进入系统,系统自动生成存货盘点盈亏凭证。这种方便易用的特性,也是财务软件发展的新趋势。

存货盘点模板是一个好工具,为财务人员在定期盘点后调整财务系统账存数量带来了巨大的方便,大大减轻了工作量。

9.6 客户关系管理与售后服务

顾问式销售是一种全新的销售概念与销售模式,它起源于 20 世纪 90 年代,具有丰富的内涵以及清晰的实践性。它是指销售人员以专业销售技巧进行产品介绍的同时，运用分析能力、综合能力、实践能力、创造能力、说服能力完成客户的要求，并预见客户的未来需求，提出积极建议的销售方法。下面我们就学习一篇案例，看伊丽莎白·雅顿是如何实现这一销售模式的。

伊丽莎白·雅顿的 CRM 系统

(一) 公司的 CRM 架构

1. 系统意义

雅顿的客户关系管理（CRM）是一种以"客户关系一对一理论"为基础，旨在改善品牌与客户（普通消费者）之间关系的管理机制。因为每个消费者的需求是不同的，只有尽可能满足每个客户的特殊需求，企业才能提高竞争力。通过 CRM 系统企业可以与客户建立长期稳定的客户关系，从而使企业在同客户长期交往中获利，这也是目前企业获得客户忠诚度的通用做法。

2. 系统内容

CRM 系统的核心是销售管理，即把企业管理系统的前端扩展，直接与客户接触，提高客户的忠诚度并借此吸引更多的潜在客户。通常，CRM 的主要内容有三个方面：营销自动化（MA）、销售过程自动化（SFA）、客户服务系统（CS）。这三个方面是影响商流的重要因素，对 CRM 项目的成功起着至关重要的作用。三个子系统内在的联系以及各自发挥的功能在后面的演示中会论述到。

3. CRM 系统的营销功能模型

经过近 30 年的发展，客户关系管理不断完善并趋于成熟，现在已形成了一套完整的管理理论体系，CRM 管理系统正是集成了这些管理思想和信息技术成果的一种软件系统。

4. CRM 软件系统的技术功能

CRM 的主要目的在于在适当的时间通过适当的渠道将合适的产品提供给合适的客户。CRM 软件系统支持营销、销售和服务过程，使得对客户和所谓的"闭环"过程有一个全方位的视角。其作用是由业务功能和技术功能两方面共同决定和完成的。

(二) 公司 CRM 系统运作流程

下面就按照销售流程顺序，给大家讲解这一系统在实际中的应用。

1. 销售终端登录

如上图页面所示，雅顿目前在全国 33 个城市拥 85 家专柜，每家专柜都安装了 IP 终端，通过中国电信宽带系统连接起来，这确保了其能接触到全国主要的目标客户。

2. 销售录入

雅顿要求每一笔销售都要及时录入，如上图所示，信息内容包括 BA 个人信息、会员（顾客）信息、商品销售信息，这是构成数据库内容的主要数据源。

3. 增加会员

想方设法扩大品牌会员是营销中的难点所在，目前品牌公司通过广告、促销活动、异业联盟、会员资料购买等方式持之不懈地扩大自己的会员范围。会员资料的录入是一项非常慎重的重要工作，雅顿公司需要尽可能详尽而稳定的个人资料，但这会触及客户的隐私，并且有很多信息客户本人也不确定，因为这些原因每年都会造成许多"休眠客户"。

4. 会员维护

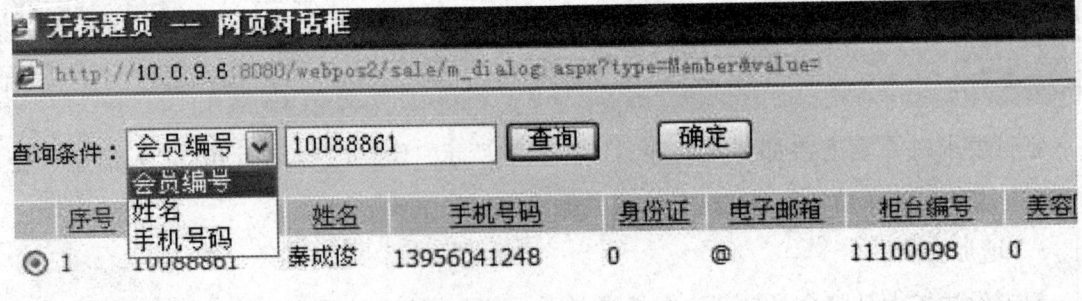

对于老会员，每一笔销售实现前都要进入个人的会员系统，让会员明白自己的消费权益

和可得到的促销活动。

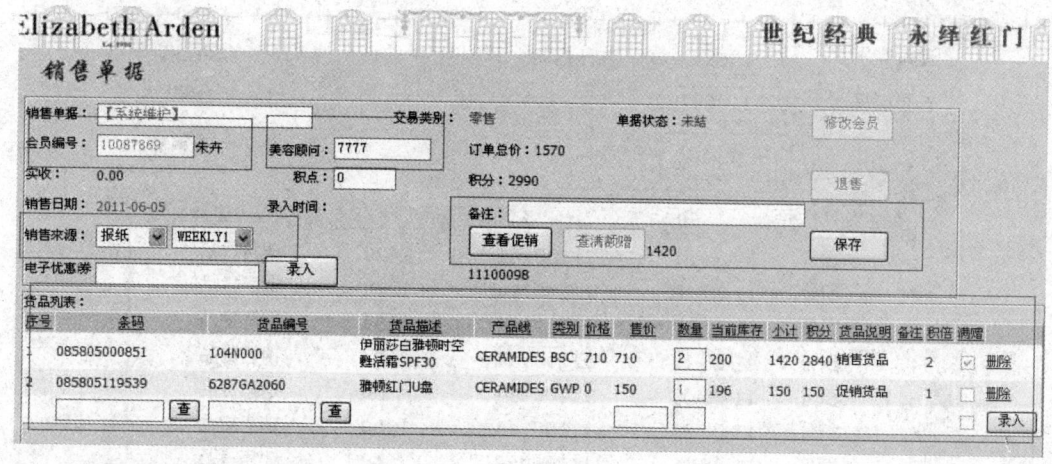

5. 会员促销

如上图所示,雅顿公司会推出像"电子抵用券""会员特惠"等促销活动来强化对客户的吸引力。

6. 积分查询

雅顿公司会在每年关键的销售节点时间(比如换季、节假日、会员生日、上次所购商品快用完的时候),通过电话、短信、电邮、邮寄的方式向会员发出积分查询提醒,敦促会员到专柜领取会员礼品,以此来确保和会员保持密切的联系,实现 CRM 的功能。

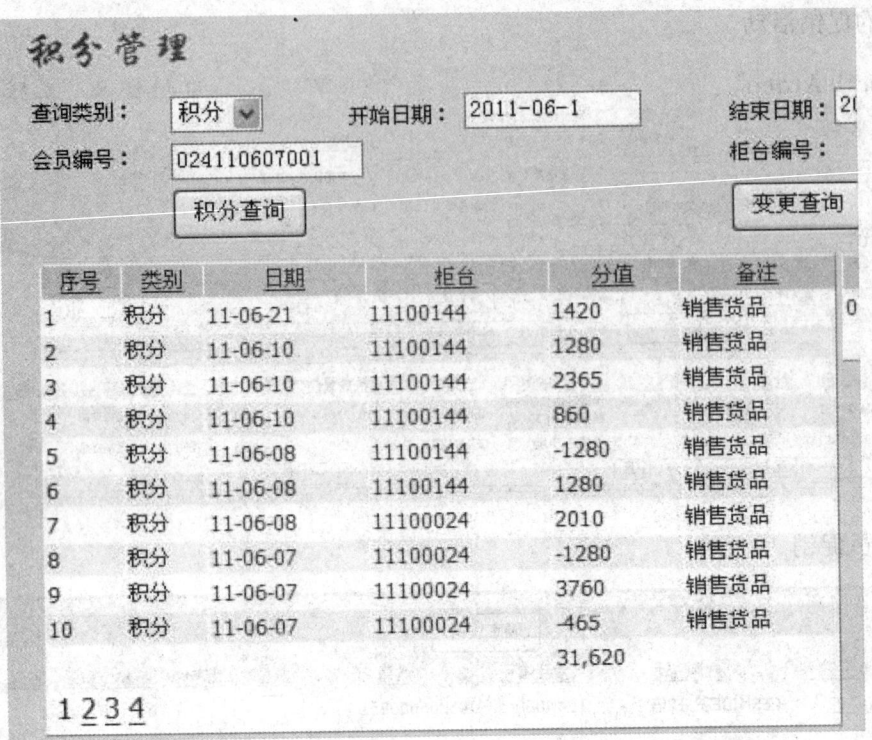

7. 积分兑换

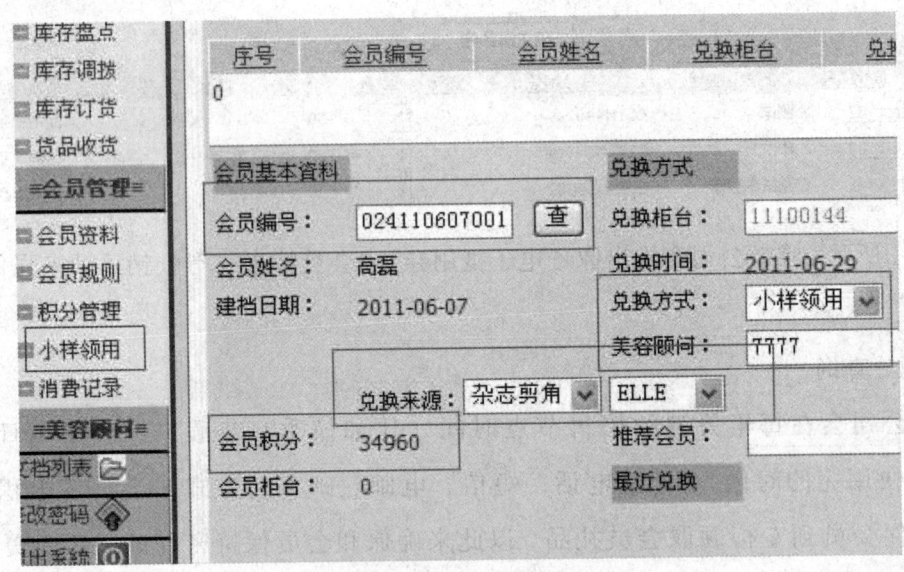

会员到柜台领用小样（赠品）以后，店员会按照操作手册要求操作，会员积分自动清零，这时，店员就又可以根据本季的卖点向会员推荐新的商品了。

和其他国际营销公司一样，雅顿公司就是通过这种手段，在全球市场实现对目标市场源源不断地锁定和销售的。

第十章 柜长（店长）基础知识综述

10.1 编制短期营销（销售）计划

短期营销计划一般是在年度营销计划的基础上，以季度或月为单位对年度营销计划进行分解，以落实并保障年度营销计划的顺利执行。短期营销计划一般由基层主管负责制订交由上级（地区经理和营销总部）批准后执行。

一、月度营销计划的特点

1. 短期性：通常以月为单位进行编制。
2. 市场响应及时性：对发生在该月对销售有重大影响的营销事件都能有所反映。
3. 动态调整性：月度计划在执行过程中可以配合促销活动进行上下的调整。
4. 调整的局部性和针对性：月度计划一般是按照基层销售单位进行分解的，所以调整时也就可以实现局部性和针对性。

二、月度营销计划的编制

月度营销计划是在年度营销计划的基础上，以月为单位对年度营销计划进行的分解。它更侧重于手段与措施这些操作层面的内容。一个基层部门月度营销计划的内容通常由以下部分构成。

（一）月度销售计划的编制

见表10.1.1，如何对年度任务进行月度分解？这决定了月度销售计划分解的科学性，通常做法是把前三年的月别销售统计出来，再计算每个月占年度总量的比重，这个比重就是各月分解销售额的依据，新年度每月的销售任务数用年计划额乘以各月分配系数就可以了。

表10.1.1 月别销售比重测算表

月别	3年前销售额	2年前销售额	1年前销售额	前3年合计	月别比重
1					A
2					B
3					C
4					D
5					E
6					F
7					G
8					H
9					I
10					J
11					K
12					L
年合计					100%

(二)月别商品别销售额计划的编制

对于多产品组合的品牌而言,合理安排不同系列产品的销售是非常重要的工作,这些必须在销售计划中予以体现,通常的做法是:首先取得商品类别销售比重,把前三年的商品类别销售比重找出来,确定销售较好的商品群和利益较高的商品群构成;其次参照本年度重点商品推荐政策调整一下重点商品群的构成;最后和表10.1.1一样,用调整后的重点商品占比指标来确定今年各月重点商品的销售计划。如表10.1.2所示。

表10.1.2 月别商品类别销售额计划表

项目		去年同月		1月计划		2月计划		本年计划
		销售金额(万元)	销售比重(%)	销售金额(万元)	销售比重(%)	销售金额(万元)	销售比重(%)	
	小计							
A 销售最佳的商品群	1.							
	2.							
	3.							
B 利益最高的商品群	1.							
	2.							
	3.							
C 一般商品群	1.							
	2.							
	3.							

(三)促销计划的编制

这里的促销计划和前面讲的内容不一样,不是指具体哪一次促销应该如何策划及执行,而是在月度计划里如何体现特定活动期间的销售占比,这是很有意义的一项工作,根据很多日用品的销售统计报告显示,当月促销期间的销售额几乎是平时(没有促销活动)的4倍多,所以促销期间的销售额是每月销售计划是否能完成的关键。

(四)销售账款回收计划的编制

基层销售团队的业绩达标考核一般是以回款额为标准的,所以设计与销售计划并行的客户赊款回收计划,也是主要任务之一。配合月别销售总额计划,收款计划也是按月来设计的,如表10.1.3所示,此部分内容可以结合客户信用管理来学习。

表10.1.3 客户赊款回收计划表

月别	销售计划金额	回收计划				户赊款余额	回收率(%)	无法回收率(%)
		现金	天内票据	天以上票据	合计			
1								
2								
3								
4								
5								
6								
7								
8								
9								
10								
11								
12								

注意:回收率的提高不能以票据到期天数延长为代价,这对于公司的资金积累是没有意义的,因此客户账款积欠天数缩短是必须要考量的。

客户账款积欠天数 =(客户赊账余额 + 本公司收受票据余额)/ 日平均销售额

(五) 销售人员行动管理计划的编制

本表的编制是作为销售人员未来行动管理的依据,按照表10.1.4所示,每一位销售人员都要把一周的工作内容标示出来,然后去落实,日例会或是周例会的重点任务之一,就是由每位销售人员按照计划说明完成情况及未完成原因,以达到销售管理的目的。

表10.1.4　月别重点行动目标表

总经理	经理	科长	组长	姓名
本月销售方针及计划					
重点销售商品	重点拜访客户名单			新开拓客户名单
1. 2. 3.……	1. 2. 3.……			1. 2. 3.……

表10.1.5　周行动计划表

　　　　　　　　　　　　　　　　　　　　　月　　日～月　　日

重点目标						
重点销售商品、重点拜访客户名单						
重点行动目标	星期一	星期二	星期三	星期四	星期五	备注
1. 2.						
1. 2.						
1. 2.						

10.2 市场竞争情报

伴随着计算机技术的发展,对海量市场信息的收集与整理已变得迅捷和便利,信息服务和数据处理服务业显现出了可观的市场价值。通过整理零售行业信息而形成的各种"经济情报",是其中的主要产品,市场规模巨大。例如 AC 尼尔森公司零售咨询研究每年收入约 10 亿美元,沃尔玛每年提供的零售信息数据价值数十亿美元等,而这些只是庞大市场的冰山一角。

零售业信息情报可以为不同的用户服务,其中最具代表性的三类是:国家行政主管部门、企业、其他社会群体。下面分别来描述不同类型用户对零售业信息的应用现状。

一、国家行政主管部门用户

通过对国家行政主管部门市场信息的收集与整理,得出一些宏观经济数据,为制定有效的调控政策提供依据。零售业被喻为一国经济的"晴雨表",原因在于通过对某地零售信息的收集与整理可以判断出该地区的宏观经济形势。比如"居民消费价格指数""居民可支配收入""居民消费支出结构""社会消费品零售总额"等宏观经济指标都来自于对该地主要零售企业的信息收集整理而得出。

在我国由商务主管部门、地方经济委员会和统计部门负责该类信息的收集和整理工作,信息的收集一般通过"商业普查""商业动态统计"两种方式完成。"商业普查"由各级地方商务主管部门来组织实施,一般三年一次,提供专门表格给商业法人,由其自行填报。调查内容不仅包括店名等基本信息,还包括购销存、各项费用、利润以及销售形式、从业人数、营业面积、营业时间等经营信息,资料比较全面;"商业动态统计"是在商业普查的基础上,采用抽样调查方法,选择适量的商业企业进行定期观测。调查的内容大大少于普查设定的内容,主要反映企业销售和库存、从业人数、月营业日数等。报告期为月报,一般在月末的最后一天上报。对于调查样本的选择,原则上覆盖所有限额以上(年零售额 500 万元以上),以内蒙古为例,全区规模以上零售企业需向上述主管部门按时提交信息的为 180 家,占到全区同类企业的 2%,但其销量占全区零售总额的 30%,很具有代表性。

上述信息整理后都有固定的发布渠道,可以被社会共享。主要发布方式有两种:刊物和互联网。刊物包括:《工商企业名录》《统计年鉴》等;国内官方网站有:各级商务局和统计局官网等。由政府主管部门收集整理的信息优点是数据全面、准确,缺点是时效性差、针对性不强。

二、企业用户

企业群体对零售信息的应用，旨在提高经营管理的效率。以内蒙古为例，2008年末全区共有各业种、业态零售企业28740余家，业种、业态超过20个，零售店铺327000多间，全年销售额过300亿元，占全区社会消费品零售总额的15%左右。以连锁经营企业为例，信息化的发展给连锁零售业带来的绩效是巨大的，反映在增加商品销售规模上每年达20%。减少采购、配送、通信、理货的人工直接费用达40%，提高管理绩效、减少库存积压、提高商品资金周转率节约的间接费用达50%。按这个发展水平计算，信息化对我国连锁零售企业的直接收益贡献率达到40%，企业因采用信息技术而节约成本、增加销售而产生的直接利润就是每年30亿元以上。相应地节约了社会流通和居民生活的费用支出，其对工业、农业生产领域的间接贡献更是巨大的。比如目前内蒙古自治区大型连锁零售企业销售额每年递增30%，即90亿元计算，其发展前景和巨大效益不可限量。由此看来，"门店的管理和选择""供应链的协同"以及"客户关系管理"成为零售行业信息化建设的主要需求方向。

在门店管理方面主要掌握的内容有：了解销售状况，通过分类信息，按商品种类、销售数量、商店地点、价格和日期等信息了解门店每天的运营和财政情况，对销售的增长、库存的变化以及通过促销而提高的销售额都可了如指掌；进行商品分组布局，分析顾客的购买习惯，考虑购买者在商店里所穿行的路线、购买时间和地点、掌握不同商品一起购买的概率；通过对商品销售品种的活跃性分析和关联性分析，建立商品设置的最佳结构和商品的最佳布局；降低库存成本，通过数据挖掘系统，将销售数据和库存数据集中起来，通过挖掘分析，以决定对哪些商品货物进行增减，确保正确的库存；有效的商品促销，通过对一种厂家商品在各连锁店的市场共享分析，客户统计以及历史状况的分析，来确定销售和广告业务的有效性。通过对顾客购买偏好的分析，确定商品促销的目标客户，以此来设计各种商品促销的方案，并通过商品购买关联分析的结果，采用交叉销售和向上销售的方法，挖掘客户的购买力，实现准确的商品促销。

客户关系管理方面主要功能有：客户群体分类，通过数据挖掘技术把大量的客户分成不同的类，企业可以针对不同类的客户提供针对性的产品和服务来提高客户的满意度；客户的获得与保持，通过数据挖掘技术可以帮助发现打算离开的客户，以使企业采取适当的措施挽留这些客户。实现交叉销售,交叉销售是建立在双赢原则上的,对客户来讲,要得到更多更好满足其需求的服务且从中受益,对企业来讲,也会因销售额的增长而获益,数据挖掘可以帮助分析出最优的合理的销售匹配。客户诚信度分析,这主要应用于供应商客户和大客户,通过数据挖掘中的差异性分析可以发现客户的欺诈行为,分析客户的诚信度,从而获得诚信较好的客户。

零售企业通过加强企业的信息化建设来实现上述目标,目前比较成型的技术是"数据挖掘技术",即通过建立"企业竞争情报系统(CIS)""供应链流程系统(ERP)""终端扫描系统(POS)"和"客户关系管理系统(CRM)"等管理软件来收集基础信息并实现管理。以我国连锁经营企业为例,目前有70%以上的连锁企业建立了系统开发的前台POS销售时点系统和后台MIS/ERP管理系统,30%左右率先进入了商业自动化技术、现代通信技术和网络信息化技术相结合的数字化管理系统集成的阶段。信息化的发展给我国连锁零售业带来的绩效是巨大的。

尽管这一管理手段已趋成熟,但由于其对资金和人力资源的要求较高,因此普及率很低,在内蒙古自治区尤其如此,我区规模以上企业实际应用这一系统的不足5%,其他中小型零售企业基本还处于手工记账阶段。

三、社会其他用户

零售信息的其他社会用户,主要包括承担一部分政府职能的协会和学会、专业信息咨询服务机构及行业研究机构。主要的商用数据信息发布平台有:中国百万商务通信数据库、中国经济信息数据库、中华商业信息网、中国科技经济新闻数据库、中国科技成果数据库、中国科技文献数据库、中国化学文献数据库、中文科技期刊篇名数据库、中国专利数据库等。此类信息在应用时的优点是数据库覆盖面广而细,内容定期更新,有的数据库甚至是每日更新,时效性较强;缺点是成本高,针对性差。

通过调研发现,以内蒙古区域经济为样本的零售信息成果很少,内蒙古自治区在行业信息统计、专业信息整理方面尚有很多空白,本地零售企业尤其是中小零售企业信息管理能力不足,存在很大市场空间。

10.3 促销策划

正如一份缜密的作战方案在很大程度上决定着战争的胜负一样，一份系统全面的活动方案是促销活动成功的保障。那么，如何撰写促销方案？一份完善的促销活动方案分为十二个部分。

一、活动目的

对市场现状及活动目的进行阐述。市场现状如何？开展这次活动的目的是什么？是处理库存、是提升销量、是打击竞争对手、是新品上市还是提升品牌认知度及美誉度？只有目的明确，才能使活动有的放矢。

营业推广的目标受到以下因素的影响：产品生命周期、销售季节、促销对象、产品种类、企业的竞争地位、企业的角色（厂家、代理商、零售商）、竞争者行为、费用预算。

二、活动对象

活动针对的是目标市场的每一个人还是某一特定群体？活动控制在多大范围内？哪些人是促销的主要目标？哪些人是促销的次要目标？这些选择的正确与否会直接影响到促销的最终效果。

确定促销产品范围和活动范围，哪些产品会参加活动，活动的市场范围有多大。

三、活动主题

在这一部分，主要是解决两个问题。

1. 确定活动主题

促销主题是整个促销活动的灵魂，应该力求创新，使活动具有震撼力和排他性。通过主题整合各种营销要素，以此主题为整个推广活动的核心，最大限度拉近消费者与产品、企业的心理距离，吸引一批稳定的忠诚消费群体，从而最有效地推动产品销售业绩的持续增长。

A. 促销主题设计的要求

促销主题要从一个时间段中考虑，在这个时间段可以设计不同的主题，但是每个主题之间必须有联系，整个活动主题一脉相承、一气呵成，形成具有震撼效果的品牌影响力。

促销活动主题要与产品品牌诉求和定位相一致，促销活动主题是打动消费者的关键，一定要贴近目标消费者利益，这是他们关注的重点，而不是给老板看的。

促销主题要简洁、突出、富有创意，并且朗朗上口，反映促销活动的核心思想。

促销主题还要充分利用时势热点，诸如春节、母亲节、奥运会等，要有一定的新闻价值，要有创新，在一定程度上能够引起社会舆论的关注。

B. 主题促销活动主要有三种：

以产品为主题的促销活动；以季节特点为主题的促销活动；结合特定节假日的促销活动等。

2. 包装活动主题

降价、价格折扣、赠品、抽奖、礼券、服务促销、演示促销、消费信用还是其他促销工具。选择什么样的促销工具和什么样的促销主题，要考虑到活动的目标、竞争条件和环境及促销的费用预算和分配。

在确定了主题之后要尽可能艺术化地"扯虎皮做大旗"，淡化促销的商业目的，使活动更接近于消费者，更能打动消费者。几年前爱多VCD的"阳光行动"堪称经典，把一个简简单单的降价促销行动包装成维护消费者权益的爱心行动。

四、活动方式

这一部分主要阐述活动开展的具体方式。有三个问题要重点考虑。

1. 确定伙伴

拉上政府做后盾，还是挂上媒体；是厂家单独行动，还是和经销商联手，或是与其他厂家联合促销。和政府或媒体合作，有助于借势和造势；和经销商或其他厂家联合可整合资源，降低费用及风险。

2. 确定刺激程度（诱因量）

要使促销取得成功，必须要使活动具有刺激力，能刺激目标对象参与。刺激程度越高，促进销售的反应越大。但这种刺激也存在边际效应。因此必须根据促销实践进行分析和总结，并结合客观市场环境确定适当的刺激程度和相应的费用投入。办法：经验判断法和小范围试验法。

3. 选择工具：样品赠送、优惠券、竞赛抽奖、免费赠品、附加赠送、演示与示范、POP 广告、价格折扣；交易折扣、销售竞赛、贸易展览、企业刊物、派员促销；业务培训、推销手册、销售竞赛、销售提成、销售会议。

五、活动时间和地点

促销活动的时间和地点选择得当会事半功倍，选择不当则会费力不讨好。在时间上尽量让消费者有空闲参与，在地点上也要让消费者方便，而且要事前与城管、工商等部门沟通好。

1. 发动促销战役的时机和地点很重要。

2. 持续多长时间效果会最好也要深入分析。持续时间过短会导致在这一时间内无法实现重复购买，很多应获得的利益不能实现；持续时间过长，又会引起费用过高而且市场形不成热度，并降低顾客心目中的身价。

3. 活动举办的频率。

六、广告配合方式

一个成功的促销活动，需要全方位的广告配合。选择什么样的广告创意及表现手法？选择什么样的媒介炒作？这些都意味着不同的受众抵达率和费用投入。

1. 确定传播媒体。

2. 确定送达方式。

七、前期准备

前期准备分三块。

1. 人员安排：在人员安排方面要"人人有事做，事事有人管"，无空白点，也无交叉点。谁负责与政府、媒体的沟通，谁负责文案写作，谁负责现场管理，谁负责礼品发放，谁负责顾客投诉？要各个环节都考虑清楚，否则就会临阵出麻烦，顾此失彼。

2. 物资准备：在物资准备方面，要事无巨细，大到车辆，小到螺丝钉，都要罗列出来，然后按单清点，确保万无一失，否则必然导致现场的忙乱。

3. 试验方案：尤为重要的是，由于活动方案是在经验的基础上确定的，因此有必要进行必要的试验来判断促销工具的选择是否正确,刺激程度是否合适,现有的途径是否理想。试验方式可以是询问消费者、填调查表或在特定的区域试行方案等。

八、中期操作

中期操作主要是活动纪律和现场控制。纪律是战斗力的保证,是方案得到完美执行的先决条件,在方案中对应对参与活动人员各方面纪律作出细致的规定。现场控制主要是把各个环节安排清楚,要做到忙而不乱,有条有理。同时,在实施方案过程中,应及时对促销范围、强度、额度和重点进行调整,保持对促销方案的控制。

九、后期延续

后期延续主要是媒体宣传的问题,对这次活动将采取何种方式在哪些媒体进行后续宣传?脑白金在这方面是高手,即使一个不怎么样成功的促销活动也会在媒体上炒得盛况空前。

十、费用预算

没有利益就没有存在的意义。对促销活动的费用投入和产出应作出预算。当年爱多 VCD 的"阳光行动 B 计划"以失败告终的原因就在于没有在费用方面进行预算,直到活动开展后,才发现这个计划公司根本没有财力支撑。一个好的促销活动,仅靠一个好的点子是不够的。

十一、意外防范

每次活动都有可能出现一些意外。比如政府部门的干预、消费者的投诉甚至天气突变导致户外的促销活动无法继续进行等。必须对各种可能出现的意外事件做必要的人力、物力、财力方面的准备。

十二、效果预估

预测这次活动会达到什么样的效果,以利于活动结束后与实际情况进行比较,从刺激程度、促销时机、促销媒介等各方面总结成功点和失败点。

为了帮助大家更直观地理解上述内容,这里有个案例,以供参考。

案例：X超市"五一"活动企划方案

促销主题：举国欢腾庆五一，开心购物去海联

促销期限：5月1日~5月7日

活动一：日化节——亮丽人生

活动方法：

联合3~4个主要洗化品牌举行产品会展。世纪海联超市负责统一组织文艺演出活动、展区整体规划、整体宣传及涉外事宜。厂商自行负责品牌宣传及在规定展区区域的促销活动。

现场布置：

太阳伞若干（供应商自备），氢气球8个以上（供应商自行广告宣传备用）、气拱门一条（20米）、外场展区（4个）、服务台前展区（其他品牌）、二楼不锈钢栏处会展厂家展区、文艺活动区（舞台、音响设备）。

文艺活动安排：

1. 最后胜利（5月1日~7日）

活动形式：采用拍卖会的形式，每天推出一档，每档20~30样商品，超低价起拍。

活动时间：时间从上午9：00起拍。其余时间安排在活动之前或活动之后。

共享五一文艺演出活动。（与英才音乐学校联合举办）

2. 风情万种（5月2日）

活动形式：内衣秀、时装秀（现场模特表演）。

3. 款款情深（5月3日）

活动形式：婚纱展（现场模特表演）。

4. 人生风采（5月4日）

活动形式：摄影展。

现场展出摄影作品；设置一处景点，现场免费拍摄（1人限拍1次）；免费化妆会；美容美发专家咨询会。

5. 爱我中华（5月5日）

活动形式："世纪海联杯"少儿绘画大赛、作品展。

从4月25日开始，少年儿童（6~13岁）凭一幅作品在服务台前报名。

5月5日展出报名作品，再加上现场参赛作品综合得分，评出一、二、三等奖3名，其余为纪念奖。

比赛内容：以"锦锈中华"为主题作画一幅。

奖项设置：一等奖；二等奖；三等奖。

6. 明星在线（5月6日~7日）

活动形式：模仿秀卡拉OK大赛。

分为少儿组（童声放送）、青年组（明星大挑战）、老年组（老有所乐——戏曲票友之夜）三组从4月25日开始免费报名。桥西店服务台进行详细登记。桥西店从4月25日每天晚上7:30~9:30在店前为音乐爱好者免费提供练习场地。

奖项设置：

每组3名，一等奖；二等奖；三等奖。

商品促销活动安排：

1. 换季商品蹦极行动

2. 生鲜潮、早市价

推出几种超低价生鲜商品进行限卖。

3. 购物套餐，盘盘开怀

购物达规定现金者，凭电脑小票加规定现金在指定处换购指定日常生活用品。

10.4 销售分析

销售分析是店长的必备业务技能，也是门店向上级汇报的主要内容，科学的门店经营绩效评估体系，能准确地揭示出门店经营效果的好坏。这里给大家介绍一套比较全面的门店销售分析指标系统。

一、达标率公式

达标率 = 一定时期内营业额/一定时期内业绩指标 ×100%

例一：一月份的业绩指标为40万元，实际完成额为38万元，则一月份的达标率 = 38万/40万×100% = 95%。

例二：若一月份的指标为40万元，实际完成额为42万元，则一月份的达标率 = 105%。

备注：达标率反映出门店业绩达成的能力。

二、同期业绩增长率公式

同期业绩增长率 =（年/月/周同期营业额 − 当期营业额）/同期营业额×100%

例：某店2008年营业额为320万元，2007年业绩为200万元，则：

2008年的年业绩增长率 =（320万 − 200万）/200万×100% = 60%

即表示相较2007年的业绩，2008年业绩同期增长了60%。

备注：同期业绩增长率为正数时，表示业绩上升；为负数时，表示业绩下滑。

三、坪效公式

日坪效 = 当日营业额/当店的店铺面积

月坪效 = 当月营业额/当店的店铺面积

例：某店的营业面积为100平方米，当日营业额为8000元，则这个店铺的日坪效＝8000元/100平方米＝80元/平方米。

备注：此指标可以分析店铺面积的生产力，深入了解店铺销售真实情况。

四、人效公式

日人效＝日营业额/当店总人数

周人效＝周营业额/当店总人数

月人效＝月营业额/当店总人数

例：某店某天的营业额为9000元，某店的总人数为9人，则当日人效＝9000元/9人＝1000元/人。

备注：反映门店员工销售能力与排班用人的合理性。

提示：关于业绩数据指标的使用一：

达标率、同期销售增长率、坪效、人效指标均为业绩数据指标，若仅看达标率不能够完全看出此门店的管理经营水平，应当将所有指标结合起来看，这样才能反映出门店的真实水平。

例：某店某月的达标率为102％，此月坪效为1800元/坪，此月人效为12000元/人，年同期业绩增长率为－18％，这样，我们就能明白，此门店虽然达标了，但门店的实际销售水平并不理想，也能反映出制定的目标并不合理。

关于业绩数据指标的使用二：

一般行业数据为：达标率为110％～115％；年同期业绩增长率为10％～15％；坪效每月为3000元/坪；人效每月2.2万元/人。

如果某店这些数据在系统内比较后，处于系统较高水平，就应当同行业内比较，寻找差距，力争上游。

五、ATV 公式（平均客单数）

日 ATV＝日营业额/日客单数

月 ATV＝月营业额/月客单数

年 ATV＝年营业额/年客单数

个人 ATV＝某个人一段期间内的业绩/这个人在这期间内的总销售单数

备注：ATV 反映人员附加销售能力、货品组合的合理程度，与 ASP 一同反映顾客的消费承受能力。

六、连带销售率公式

日连带率 = 日销售件数/日客单数

周连带率 = 周销售件数/周客单数

月连带率 = 月销售件数/月客单数

年连带率 = 年销售件数/年客单数

例：某日某店销售件数 150 件，客单数为 75 单，则此店连带率 = 150 件/75 单 = 2 件/单。

备注：此指标反映员工附加推销能力、货品组合合理性及顾客的消费心理。

提示：ATV、连带率

这两个指标在管理指标中的联系是极为紧密的；我们不能单纯地把其中之一拆开分析，两者只有结合后才能有效地反映门店的附加销售潜力。

例一：仅看 ATV，那么在冬季时，一件皮草的价格就在 400 元左右，如果都是卖大衣类的货品，哪怕你只卖一件，ATV 也是很高的，但是实际上员工并没有进行附加销售。

例二：仅看连带率有 2 件/单，应该说是不错的了，但如果这时的 ATV 是 50 元/单，就说明员工没有进行高价货品推介，都只是在推销小饰品，这样就会对利润产生影响，也是不值得高兴的。

七、ASP 公式（平均客单价）

日 ASP = 日营业额/日销售件数

月 ASP = 月营业额/月销售件数

例：某店某月销售件数为 3000 件，营业额为 35 万元，此店此月的 ASP = 35 万元/3000 件 = 117 元/件。

备注：ASP 反映顾客的消费能力、货品的定价，也反映员工推介高价货品的能力，与 ATV 结合分析，共同反映顾客的承受能力。

八、VIP 占比公式

日 VIP 占比 = 日 VIP 消费额/日营业额

周、月、年同理可推。

例：某店某月第一周的 VIP 消费金额为 24500 元、第一周的总营业额为 78000 元，则此店第一周的 VIP 占比 = 24500 元/78000 元 = 31%。

备注：此指标反映的是门店 VIP 的消费情况，从侧面表明门店市场占有率和顾客忠诚度，考量门店的综合服务能力和市场开发能力。

提示：VIP 的规律

一般情况下，VIP 在 45% ~ 55% 之间比较好；这时公司的利益是最大化的，市场拓展与顾客忠诚度都相对正常，且业绩也会相对稳定。若是低于这个数值区间，就表示有顾客流失，或者是市场认可度差，门店的服务能力不佳；若是 VIP 高于数值区间，则表示开发新客户的能力太弱。假若是先高后低，就表示顾客流失严重。

九、无条码率公式

无条码率 = 月盘点无条码件数/本月销售件数（以两次盘点间的销售数为准）

例：某店 1 月份盘点日期为 1 月 20 日，2 月盘点日期为 2 月 21 日，2 月盘点后发现无条码货品 30 件，两次盘点间的销售件数为 1200 件，则此店 2 月无条码率 = 30 件/1200 件 × 100% = 2.5%。

备注：此指标与盘存表中的数结合起来可以反映门店对吊牌的管理情况。

十、报损率公式

报损率 = 一个月内当店无法修复并退回总部报损的货品件数/此月销售件数 × 100%

例：某店 1 月报损退回总部货品件数为 40 件，此店 1 月销售件数为 1200 件，则此店 1 月报损率 = 40 件/1200 件 × 100% = 3.3%。

备注：报损率反映公司货品质量问题情况，及门店处理质量问题货品的能力。

十一、丢失率公式

月丢失率＝某月盘点后丢失货品金额/此月销售金额×100%

季度、半年度、年度丢失率，只须将上述公式中的时间量替换即可得到。

例：某店第二季度的销售金额为60万元，4月丢失金额为8000元，5月的丢失金额为2000元，6月的丢失金额为800元，则此店第二季度的丢失率＝（8000元+2000元+800元）/60万元×100%＝1.8%。

备注：丢失率反映门店防盗能力，以及排班的能力；丢失率行业水平在0.6%。

十二、损耗率公式

损耗率＝报损率+丢失率

备注：反映一定时期内门店对货品损耗的控制情况。

十三、岗位完成率公式

岗位完成率＝此岗位实际上岗人数/公司下达的此岗位定编人数×100%

例：某店心靡之星的定编人数为6人，测评时，此店心靡之星实际上岗人数为3人，则此店心靡之星这一岗位的完成率＝3人/6人×100%＝50%。

备注：岗位完成率反映门店某岗位的缺满情况，从侧面反映人才梯队建设的情况。

十四、平均岗位完成率公式

平均岗位完成率＝所有岗位完成率的加权平均数

例：某店心靡之星的岗位完成率为70%，导购员的为60%、搭配师的为150%，则此店的平均岗位完成率＝（70%+60%+150%）/3＝93%。

备注：此指标主要是起到标准线的作用，用于评判各岗位完成定编的偏离情况。多数是用在人力资源部的评价工作上，当店很少用到。

十五、岗位贡献率公式

日岗位贡献率＝某岗位当日的集体业绩/日营业额×100%

周、月、季度、年的岗位贡献率，只须将以上公式的时间量替换即可得到。

例：某店某日营业额为12000元，此店心靡之星3名，此日3人一共做了5000元，则此店心靡之星的岗位贡献率=5000元/12000元×100%＝42%。

备注：深度反映门店各岗位的实际技能水平。

十六、人均岗位贡献率

人均岗位贡献率＝某岗位贡献率/此岗位在岗人数

例：某店心靡之星3人，其岗位贡献率为42%，则此店心靡之星人均岗位贡献率＝42%/3＝14%。

备注：人均岗位贡献率深度反映门店此岗位的技能水平。

提示：岗位贡献率分析

岗位贡献率深度反映门店各销售岗位的技能水平。

行业上岗位贡献率：导购员为36%，心靡之星为46%，搭配是为18%。

人均岗位贡献率：导购员为6%，心靡之星为11.5%，搭配师为9%。

十七、库存周转比公式

月周转比＝月营业额/月平均库存

月平均库存＝（期初库存量＋期末库存量）/2

例：某店1月销售额为40万元，1月期初库存金额为16万元，期末库存金额为12万元，则此店1月的周转率＝2×40万元/（16万元＋12万元）＝2.86。

备注：此指标反映门店货品的流动周转速度，反映出货品的畅销情况。

十八、进销比公式

月进销比＝月进货金额/销售金额

例：某店1月业绩为40万元，进货金额为45万元，则此门店进销比＝45万元/40万元＝1.13。

备注：进销比反映门店的进货销售情况，理论上进销比等于1最为理想。在现实中，门店还须考虑到实际库存状况——如果门店库存量较大，那么进销比要适当小于1较为理想；如库存量小，则进销比应大于1较为理想。

十九、分类货品销售占比公式

日分类货品销售占比 = 日某一分类商品的销售额/日营业额 × 100%

周、月、季度、年的分类货品销售占比，只须将以上公式的时间量替换即可得到。

例：某店 1 月营业额为 40 万元，其中风衣月销售额为 12 万元，则 1 月风衣的销售占比 = 12 万元/40 万元 × 100% = 30%。

备注：销售占比反映出门店各类货品的组合与销售情况，从这里可以对要货、组货或者促销上做出判断；可以了解该地区消费者的消费取向；通过比较本店与别的店的分类货品销售占比情况，可以得出本店的销售特性，对货品调拨也有好处。

二十、折扣率

日折扣率 = 日折让金额/当日总销售吊牌金额 × 100%

月折扣率 = 月折让金额/当月总销售吊牌金额 × 100%

例：某店某日营业额为 8000 元，总销售吊牌额为 9000 元，则此店此日的折扣率 = (9000 元 - 8000 元)/9000 元 × 100% = 11%。

备注：折扣率是反映门店折让的情况，直接影响门店的毛利额，是利润中很重要的指标。如果某店的营业额很高，请先别忙着高兴，先要查一下折扣率，若折扣率很高，那就说明门店在做促销，门店的毛利率是很低的，所以折扣率也会和推广占比共同评估促销情况。

二十一、各岗位员工平均成单时间

即某岗位所有员工的成单时间的加权平均数

例：某店有心麇之星 3 人，完成一个单子的时间分别是 15 分钟、12 分钟、20 分钟，那么这个店铺心麇之星的平均成单时间 = （15 分钟 + 12 分钟 + 20 分钟）/3 = 15.7 分钟。

针对快消品店铺销售的营销实务课程内容先暂时介绍到这里，谢谢大家的学习。

第三篇 实务实训

实训项目的设立旨在为学生明确工作任务和操作标准,通过现场指导学生操作,达到提高实操技能的目标,实训教学,培养的是学生的应用能力,教学中以"应会"和"用好"为培养目标。具体到市场营销实务技能训练,应该实现以下目标。

1. 树立正确的角色定位：市场营销实务的内容较多,在实际工作中由不同职务的管理人员执行,出于教学的需要,本课程要求学生掌握不同职务层级市场营销实务人员的管理方法,对职业角色的跨度很大,要求学生随时联想技能的执行人角色定位,可以寻找市场营销实务职业的心理感受,缩短在实际工作中的陌生感,实现针对性学习,避免"眉毛胡子一把抓"没有重点的实训学习。

2. 学习先进的管理理念：复合型人才的培养,不同于"匠人"的培养,不能依靠一成不变的模式,而应该提升其管理思维,拓展他们的管理视野,鼓励创新,"条条大道通罗马",高超的技能一定是智慧思想的体现。

3. 掌握必要的管理工具：市场营销实务工作在实际工作领域有很多有效的管理工具,尤其是那些关于基层市场营销实务活动方面的,学生必须会用,这是本次教学的根本目标。

4. 掌握企业现实状况：市场营销实务实训的案例来自于企业中的真实案例,有很多项目要求学生必须具备一线的工作经验,但由于教学安排的局限性,要求学生深入企业几乎无法实现,折中的办法就是展开案例学习和角色模拟练习,希望同学们在案例的学习中感受企业实际状况。

综上所述,市场营销实务实训教学的课程目标是：依托专业知识,发掘学生潜能,培养具有"管理者思维"、掌握现代市场营销实务技术、适合市场需求的营销复合型人才。

本次实训教学通过讲授、心理评估和团队练习等,帮助学生了解不同层次市场营销实务者的基本特征和所需素质,使学生具备管理者应有的素质和心理准备,配合理论课程使素质教育深化和具体化。

第十一章 营销工作认知类实训项目

11.1 商街实务

——自主经营技能实训（报到新生跳蚤市场）

所属课程

《营销实务》《营销策划》等课程专业实训项目。

适用人群

自由职业者、自主创业者、市场商户等从事商业活动人员。

技能用途

当新生（目标顾客）报到时（商机），如何在现有的资源条件下和学校管理规定下（市场环境）抢占先机，有效地组织货源、摆摊设点、灵活销售，并能最大限度地规避风险、获取收益呢？这个项目是目前可以在校内进行推广的校内实训项目之一。"麻雀虽小，五脏俱全"，通过这短短几天的经营过程，既可以鼓励绝大多数同学参与，也可以引导学生接触商业的产供销行业链，还可以引导学生树立科学的经营观，是理论与实际相结合的一项实际训练。

实训条件

校内实训场地：学生宿舍区、露天马路。

校外实训场地：通达、国际商贸城、大南街等当地百货批发市场

点评环节：教室

实训课时

8课时

实训内容

根据教学管理规定结合实际情况，该项技能实训的过程安排如下：

教学目的

通过针对新生报到时开设的百货市场实训，让学生体验和了解商务综合实操技能。

教学设备

学生自筹的部分资金1000元，货品临时周转库，运货手推车4台，POP展示架4个，POP纸（大4开）10张，扩音喇叭4台，促销花车8辆，计算器4个，商品台账4本，笔4支，收银包4个，零钱若干。

教学过程

一、实操要求

（一）制订进货计划

1. 认真学习每学期新生开学市场销售分析报告。

2. 认真学习本地区百货批发市场情况和固定客户资料（货品供应商）。

3. 自行调研本学期市场竞争情况。

4. 完成任务清单一的填制。

（二）执行进货实操

1. 进货原则：

A. 每班必须从指导教师制定的供应商处选购一定比例商品，该批次商品只需缴纳押金用以保证外包装的完好，即可提货进行销售，活动结束后实销实结，卖不完的货品可退至供

应商处,以降低学生的经营风险;本批次货品选购时注意花色、式样和新颖性的搭配。

  B. 低价日用品自行采购,学生应运用商务谈判技术主动压低商品供价。

  C. 采购货品,注意综合毛利润水平的控制,这是后期评估的重点之一。

2. 下订单、配送过程全员参与。

3. 货品入周转库过程略。

(三) 摊位设立

1. 在学校允许的前提下按照一定的原则选定摊位(具体参见工作指导教程)。

2. 货品码放要符合陈列实际,突出醒目、新颖,邀约顾客时能起到帮助。

3. 促销政策制定及时全面,并能做到及时调整,喇叭音量要适度,不能影响正常教学。

(四) 销售过程

1. 邀约过程。

2. 推销过程。

3. 连带销售处理。

(五) 业务处理过程

1. 指定专人进行采购货品记账工作,完成任务清单二的填制。

2. 指定专人进行销售流水记录工作,完成任务清单三的填制。

3. 指定专人进行市场信息调研,完成任务清单四的填制。

4. 指定专人进行记账核算工作,完成任务清单五的填制。

(六) 销售分析

1. 最佳购进组合评价;最佳销售模式评价(含选址);最佳经营绩效评价。

2. 得出本届新生市场数据报告。

二、操作指导

  根据时间情况选择若干学生(不得低于该班级总人数的40%)分别负责具体工作,指导教师及时给予指导,一定要做到任务分工明确。

××班级工作分工表　　　　　　　指导教师：

序号	岗位	负责人	员工配置	工作任务
1	采购			参见上述内容
2	物流			参见上述内容
3	摊位管理			参见上述内容
4	记账小组			参见上述内容
5	信息小组			参见上述内容
6	核算小组			参见上述内容
7	销售分析			参见上述内容
8	总负责			参见上述内容

三、最佳案例展示

从本次参加项目实训的小组中产生并交流分享。
教学资源整理建议：（学生商人风采展示）
1. 采购中的学生：照片
2. 醒目的摊点：照片
3. 销售明星风采：照片

四、理论辅导

参见本章理论和实操部分。

实训项目一：实训小组工作日志

任务清单一：

进货计划表

组别：　　　　　参加人员：　　　　　　　　填制人：

品类	品名	规格	计划数量	进价区间	售价区间	去年参考价
低价品						

续表

利润品						
创新品						

任务清单二：

商品进货单

组别：　　　　　　　参加人员：　　　　　　　填制人：

品名	规格	数量	进价	合计

任务清单三：

商品销售日记账

组别：　　　　　　　参加人员：　　　　　　　填制人：

品名	规格	销售价格及数量	

任务清单四：

市场信息观测表

组别：　　　　　　　　　参加人员：　　　　　　　　　　　填制人：

时间段	观察摊号（位）	成交笔数	成交货品	成交价格	备注

任务清单五：

经营核算表 A

组别：　　　　　　　　　参加人员：　　　　　　　　　　　填制人：

品类	品名	购进数量	销售数量	结存数量	差异说明	备注
低价品						
利润品						
创新品						

任务清单六:

经营核算表 B

组别:　　　　　　　参加人员:　　　　　　　　　　　　填制人:

品类	品名	购进金额	销售金额	折扣金额	差异说明	备注
低价品						
利润品						
创新品						

11.2 市场认知

——工作环境体验

所属课程

《营销实务》《营销策划》等课程专业实训项目。

适用人群

商超、大卖场、连锁超市新入职人员。

技能用途

熟悉未来的工作环境,了解主要工作内容,体验工作中的关键技能,通过和老员工进行面对面交流,感受在职人员对各种岗位工作的认知和态度;是实现营销实务课程认知过程的重要一环,合理的体验模式会给未来的从业人员留下良好的首因印象,会在准入职人员中留下美好的企业印象,这也是企业文化建设的重要一环。

实训条件

校外实训场地:当地各商业业态代表性企业。

点评环节:教室

实训课时:8课时

实训内容

根据教学管理规定结合实际情况,该项技能实训的过程安排如下:

教学目的

通过对现实工作环境的走访和企业专业人士的介绍,实现对主要目标市场的经营特色的感性认知。

教学设备

录音笔、笔记本、笔、摄像机、照相机等。

教学过程

一、实操要求

(一)制订学习计划

1. 认真观察、仔细记录卖场的布局和商品部的划分。
2. 认真观察、仔细记录卖场的业务流程。
3. 认真观察、仔细记录主要岗位的工作内容。
4. 认真观察、仔细记录商品牌面的摆放规律和特点。
5. 仔细记录行业中常用的专业术语(行话)。

(二)实训纪律及要求

1. 考勤记律

A. 每班务必保证实训人数,完成整个实训流程,严禁迟到、早退和旷课。

B. 以班级为单位共同出发,一起回校,如无特殊情况严禁在市内滞留。

C. 班长和学委做好出勤记录。

2. 学习记律

A. 遵守卖场要求不得违反卖场工作纪律(不喧哗、不乱碰物品、未经许可不得拍照)。

B. 不得干扰卖场正常工作秩序,不打扰顾客正常购物。

C. 实训结束前不得为自己购物（实训结束后鼓励大家购买物美价廉的生活必需品）。

3. 实训作业

A. 请根据记忆描绘卖场的平面布局图。

B. 请写出你观摩企业的业务流程。

C. 请写出你观摩企业主要岗位的工作职责与内容。

D. 请总结你观摩企业的经营术语。

E. 请总结你观摩企业视觉营销的特色。

（三）实训过程

1. 实训日当天9：30列队入场。
2. 企业实训讲师引领学生依次展开实训内容讲解。
3. 解散后自由购物。
4. 学生统一乘坐公交返校。

二、操作指导

实训指导教师（含企业兼职教师）必须全程跟班并做补充讲解，根据每人课程特点实训内容侧重点如下：

实训教师分工表　　　　　　　　指导教师：

序号	实训指导内容	负责人	工作任务
1	平面布局及商品组合部分		参见上述内容
2	卖场业务流程		参见上述内容
3	岗位工作内容		参见上述内容
4	商品陈列技术		参见上述内容
5	行业术语		参见上述内容
6	服务措施体现		参见上述内容

三、最佳案例展示

从本次参加项目实训的小组中产生并交流分享。

教学资源整理建议：（学生商人风采展示）

1. 采购中的学生：照片
2. 醒目的摊点：照片
3. 实训明星风采：照片

四、理论辅导

参见本章理论与实践部分。

实训项目二：实训小组工作日志

任务清单一：

目标企业选择

组别：　　　　　　参加人员：　　　　　　　　　　　填制人：

企业名称		所属业态		反馈意见	
交通方式					
指导教师		企业联系人		审批情况	
准备事项					
1.	2.	3.	4.	5.	6.

任务清单二：

卖场布局图示意

任务清单三:

企业的主营业务及商业模式

利润来源		年销售收入		年利润总额	
上游客户		下游客户		服务商	
主要工作内容					
1.	2.	3.	4.	5.	6.
核心岗位					
1.	2.	3.	4.	5.	6.

任务清单四:

企业服务亮点采集

业务亮点					
1.	2.	3.	4.	5.	6.
营销举措					
1.	2.	3.	4.	5.	6.
学习感受					
1.	2.	3.	4.	5.	6.

11.3 岗位体验
——营销实务论坛(职业生涯规划)

所属课程

《营销实务》《广告实务》《服务营销实务》等课程专业实训项目。

适用人群

营销类初级岗位。

技能用途

即将毕业步入职场的新人,都会有一种莫名其妙的恐惧感,回头望去,三年转瞬即逝,总感觉自己什么也没有学会，抬头望天却看不到自己的未来。这其实是一种很常见的未来恐惧症，人在面临全新环境时，都会产生这样莫名的不安，解决办法之一就是和专业人士座谈，看前辈们的路是怎么走过来的；这次综合实训课程就是基于这样的前提下推出的一个项目。

实训条件

设备设施：可容纳 100 人左右的大型会议室；嘉宾席；音响设备；摄录设备

参与人员：资深人力资源管理人员 1 名；资深行业高管 1 名；基层业务骨干 1 名

实训课时

6 课时

实训内容

根据教学管理规定结合实际情况，该实训项目的过程安排如下：

教学目的

通过营销职业生涯规划主题论坛的举办，使即将毕业的专业学生明确工作方向，认清现实环境，找准入门岗位，能够满怀信心地步入社会。

教学设备

多媒体设备、录音笔、笔记本、笔、摄像机、照相机、白板及笔。

教学过程

一、实训要求

（一）会前任务布置

1. 制订详细的会议流程计划，责任到人。
2. 提前一天将会场布置到位，确定嘉宾排期无误。
3. 主持人熟练掌握会议流程，预演各种可能出现的场景。
4. 记录和技术人员及时租借和调试设施设备确保其正常使用。
5. 机动组做充足准备以应对突发事件。

（二）实训纪律及要求

1. 考勤记律

A. 每班务必保证实训人数，学生尽量着商务装，完成整个实训流程，严禁迟到、早退和旷课。

B. 以班级为单位共同进场退场，如无工作任务严禁在场内滞留。

C. 班长和学委做好出勤记录。

2. 学习记律

A. 遵守学习记录，认真准备专任教师布置的实训任务。

B. 不得干扰会场正常秩序，不得以任何理由做有损专业形象的事情。

C. 服从主持人的统一安排和调遣。

3. 实训作业一

A. 你理想的营销初级岗位是什么？

B. 阐述你岗位理想的由来。

C. 你 10 年后的岗位目标是什么？

D. 你将付出哪些努力来实现你的理想？

E. 请为本次主题准备一次才艺展示（你很有可能被点到）。

F. 请为本次主题准备一个你最感兴趣的话题。

4. 实训作业二

根据自己的喜好完成对未来工作岗位的描述，具体要求如下：

A. 进行工作分析，包括工作环境因素分析（是指竞争环境、行业结构、行业行为以及分销渠道的分析）和运行因素的分析［是指公司销售人员怎样安排他们的时间（出行、等候、销售等）］。

B. 进行工作描述，它包括以下内容：

工作名称

直接监管人员头衔

工作总述（通常的责任）

主要工作任务

次要工作任务

非常情况下的责任（不论巨细）

本位工作与其他岗位的工作关系

组织上的呈报关系

C. 调研薪酬。

D. 结合自己实际情况作出自己的适应性分析，并制定个人的职业生涯规划。

（三）论坛流程

1. 实训日当天9：30列队入场。
2. 在工作人员指导下入座。
3. 按照会议流程进行。
4. 结束退场。

二、理论支持

参见本章理论和实践部分。

三、最佳风采展示

从本次参加项目实训的小组中产生并交流分享。

教学资源整理建议：（学生商人风采展示）

1. 采购中的学生：照片
2. 醒目的摊点：照片
3. 销售明星风采：照片

风采展示

1. 实训中的学生：照片
2. 会议现场图片：照片
3. 专家介绍：企业实训讲师照片

实训项目三：实训小组工作日志

我的工作岗位说明书

期望行业		企业地位		岗位大类	
工作名称		直接上级		工作地点	
工作总述（常规职责描述）					
1.	2.	3.	4.	5.	6.
主要工作任务					
1.	2.	3.	4.	5.	6.
次要工作任务					
1.	2.	3.	4.	5.	6.
非常情况下的责任					
1.	2.	3.	4.	5.	6.
本位工作与其他岗位的工作关系					
组织呈报关系					
能力胜任模型					
语言表达		沟通能力		协作能力	
调研技能		推销技能		策划技能	

第十二章 营销素质拓展类实训项目

12.1 孤岛求生

团队合作实训

所属课程

《营销策划》《企业管理》《营销实务》《企业文化》等课程专业实训项目。

适用人群

具有一定人数规模和有明确职能层级划分（高中低）的企业经营管理团队。

技能用途

为什么会让大家来体验这个项目呢？这是因为大量培训工作者在长期的培训过程中，了解了企业和各类组织存在的一些难题，比如沟通、部门隔阂、管理者的自我定位等，这些问题给企业和组织不同程度地带来了很大的损害，但是，很多员工却"只缘身在此山中"而感觉不到它的危害。在企业中的每个人都有自己的任务，并且是繁重的任务，这造成他们之间很难放下自己的工作而去帮助他人。此外，还有些人是即使有时间和方便也不会去帮助他人，因为别人的工作绩效提高了就意味着自己的工作绩效减少了。但是，企业中的所有员工是一个利益共同体，打破人与人之间、部门与部门之间的隔阂，主动积极地合作和帮助可以促进企业的发展和进步，那么当企业发展了、壮大了、资源丰富了，每个员工的个人利益才会有保证。因此，企业需要团队精神，需要相互的合作，这个道理需要所有员工的认同，出于这个目的，特别设计了这个项目，目的就是给大家一个设身处地的深刻触动。

实训条件

校内实训

实训课时

4课时

实训内容

根据教学管理规定结合实际情况，该项技能实训的过程安排如下：

教学目的

通过体验游戏的方式，让团队成员参与游戏，主动思考，并由培训教师进行团队有效沟通的讲解，增加对有效管理沟通和积极工作态度的理解。

教学设备

一块空白场地；正方形木盒12个（60cm×60cm×20cm）；长方形木盒1个（12cm×20cm×20cm）；正方形木盒12个（25cm×25cm×20cm）；木板两条（2.5m×30cm×3cm）。

1. 珍珠岛物品：生鸡蛋两个，筷子四根，胶带1米，A4纸两张，任务卡1张。
2. 哑人岛物品：线手套4~5副，任务卡1张。
3. 盲人岛物品：眼罩6个，羽毛球3~5个，塑料桶1个，餐巾纸1包，任务卡1张。

其他：工作任务清单，资料收集夹，笔记本，笔。

教学过程

一、项目背景

这个项目给大家设计的情景是这样的：我们这个队的所有队员乘坐一艘大船在一条水流湍急的河上航行，正在航行的时候船出了故障沉没了，大家不得不顺水漂流，漂着漂着，就把一些人漂到了盲人小岛上。他们脚下的木盒就是一个模拟的荒岛。到了岛上之后，由于人们误食了一些野果，结果造成食物中毒，所有人的眼睛都失明了，因此在这个项目的过程中，一部分人扮演的角色是盲人；一部分人到了哑人岛，由于误食了一些野果，结果食物中毒，造成所有人的嗓子都不能发声了，所以一部分人扮演的角色是哑人；另一部分人是正常人。他们在珍珠岛，大家都按照任务卡的要求，在规定时间内，顺利完成任务就算是胜利。

二、人员分工

群体人员分成三组：珍珠岛（团队中的管理者）；哑人岛（团队中的环节干部）；盲人岛（团队中的基层员工）。每组人数不限。

三、限制条件

也就是游戏规则，详细制定如下：

1. 对于盲人们：要求大家戴好眼罩并不准再摘下来了，对大家的要求有两条：

第一，在整个项目的过程中不允许摘下眼罩，因为你们是盲人，什么都看不见，请大家务必遵守规则，否则这个项目就没有意思了。

第二，因为周边是湍急的水流，因此大家不要擅自下岛，以免发生危险。最后出于安全的考虑，请大家观察清楚岛际边缘，如果站累了，想活动一下的话，请大家相互扶持，不要摔下岛去。好，大家把眼罩戴好，从现在起请大家进入角色，再也不许摘眼罩了，否则取消你参与项目的资格。

盲人们有两个任务，第一，每人投一个羽毛球到不远处的桶中。第二，把所有的人集中在同一个地方。但是，由于他们看不见任务，因此，他们必须要在别人的帮助指导之下才可能完成任务。这些内容写到盲人的任务卡上，但是指导教师不能公开宣布。

2. 对于哑人们：扮演的角色是哑人，在整个项目的过程中，任何人的嘴里都不能发出一点声音，相互之间无法用语言沟通，更不能与其他人用语言沟通。请大家务必遵守规则，如果发现有人违反规则，就取消他参与项目的资格。

哑人们有两个任务，第一个任务就是帮助盲人；第二个任务是"把所有的人集中在同一个地方"。有一个限制条件，就是：在盲人岛上的盲人完成第一项任务之前，哑人不得使用木板。

3. 对于正常人们：详细研究任务卡，在这个项目里面所有要求大家做的事，都清楚地写在这上面了。请大家认真阅读并根据要求和规则完成任务。在整个项目的过程中，请大家不要向指导教师提出问题，指导教师也不回答大家的问题。因为，所有要求大家做的事都写在上面了，只要认真阅读就可以了。

珍珠岛任务卡，一共有三个任务：

第一个是替两个鸡蛋设计和制造外包装，完成后，质量检验的标准是：手持包好的鸡蛋站立，两手握住鸡蛋平伸，撒手，鸡蛋落地不碎。

第二个任务是：把所有的人集中在珍珠岛上。

第三个任务是：解一道算术题，ABCDE 乘以 4，等于 EDCBA；大家是否有答案了？

4. 其他注意事项

（1）在项目过程中培训师要特别关注学员的安全，防止学员从岛上摔落下来，尤其是在项目接近尾声的时候，绝大多数学员都集中到了同一个岛上的时候，稍有不慎就会被挤下岛去。

（2）时刻关注"盲、哑"两岛的学员是否遵守规则，如果发现有学员偷摘眼罩或说话的行为，立刻要制止。

（3）如果"珍、哑"两岛的学员有人"下水"，首先要问他们为什么要下水："怎么你没在岛上呢？"如果是利用任务卡上的规则下水，则允许通过，否则令其返回。

（4）记录学员在完成项目过程中的表现，方便回顾。

（5）无论学员是否完成项目，当规定的时间到时，立刻叫停。

（6）不允许学员用手抬着木板让人走，必须是木板在木盒上搭实后才允许通过。

（7）不允许学员在岛与岛之间传递任务卡。

（8）制止除盲人外的其他人接触羽毛球；制止除哑人之外的其他人接触木板。当发现他们有此行为时，立刻叫停，然后发出你的指令，如：请把羽毛球放回原地，或者请把木板回归原位。

（9）如果发现木板放置在了"松软土地"（即长方形木盒）上，一旦有人上去后，立即叫停，然后把人和木板全部送往盲人岛。

（10）项目开始之前，如果发现珍珠岛上有参训团队的领导，请把他们巧妙地安排在盲人岛。

（11）健全人完成的第一个任务（包鸡蛋）之后，该任务的质量检验放在项目完成之后。

四、实施步骤

1. 首先上珍珠岛，出示任务卡并告诉大家："这是你们的任务卡，在这个项目里面所有要求大家做的事，都清楚地写在这上面了。请大家认真阅读并根据要求和规则完成任务。在整个项目的过程中，请大家不要向我提出问题，我也不会回答大家的问题，因为，所有要求大家做的事都写在上面了，只要认真阅读就可以了。"

2. 其次上哑人岛，出示任务卡并告诉大家："这是你们的任务卡，在这个项目里面所有要求大家做的事，都清楚地写在这上面了。请大家认真阅读并根据要求和规则完成任务。在整个项目的过程中，请大家不要向我提出问题，我也不会回答大家的问题。因为，所有要求大家做的事都写在上面了，只要认真阅读就可以了。"

3. 最后，悄悄走到盲人岛边上，找到一位相对内向，或参与度较低的学员，把任务卡塞到他/她的手中，什么话都不和他/她说。

4. 面对三个岛高声宣布："请大家安静了，我们的项目马上开始，这是一个团队合作项目，叫作孤岛求生。要求大家在30分钟内完成这个项目，现在我开始计时希望大家能够顺利完成项目。"

这一条务必要强调，如果你没有几遍地说"这是团队合作项目"，最后学员在没有完成项目后，就会找规则的漏洞，尤其是珍珠岛上的学员会说，我们以为"集中所有的人在珍珠岛上"，就是"我们岛上几个人呢"，你的项目书上说得不清楚，所以，不能怨我们。

五、理论支持

参见理论和实践部分

六、最佳风采展示

从本次参加项目实训的小组中产生并交流分享。

教学资源整理建议：（拓展训练风采展示）

活动中的学生：照片

风采展示

1. 实训中的学生：照片
2. 会议现场图片：照片

实训项目四：实训小组工作日志

任务清单一：

描述你扮演角色在企业团队中的地位，并说明理由。

_____

_____

_____

_____ 。

任务清单二：

我们共同的目标是什么？_____

在完成目标的过程中，我们浪费时间了吗？浪费在哪里？

1.

2.

3.

任务清单三：

在游戏的过程中，蕴含着许多职场人员心态和管理学道理，请仔细思考，看看能总结出多少？

1.

2.

3.

12.2 "杀人游戏"

团队信任实训

所属课程

《营销策划》《企业管理》《营销实务》《企业文化》等课程专业实训项目。

适用人群

具有一定人数规模和有明确职能层级划分（高中低）的企业经营管理团队。

技能用途

"杀人游戏"是在拓展训练中经常玩的游戏，特别适合5人到10人一组玩，"杀人游戏"能锻炼人的观察能力、逻辑能力、想象力、判断力、口才、表述能力、心理素质及表演能力；能培养团队精神、活跃团体气氛、增进团队成员的感情交流、提高凝聚力；提高人的语言表达能力，提高人的判断能力，相当于一场激烈的辩论会。

实训条件

校内实训

实训课时

4课时

实训内容

根据教学管理规定结合实际情况，该项技能实训的过程安排如下：

教学目的

通过体验游戏的方式，让团队成员参与游戏，主动思考，并由培训教师进行团队有效沟通的讲解，增加对有效管理沟通和积极工作态度的理解。

教学设备

扑克牌一副

教学过程

（一）角色扮演

警察：找出杀手并带领平民公决出杀手。

杀手：找出警察并在天黑时杀掉。

平民：帮助警察公决出杀手。任何时候平民都不得故意帮助杀手。

裁判：按照规则运转游戏，有的版本也叫法官。

（二）游戏流程（以8人游戏为例）

1. 裁判将洗好的8张牌（其中各有2个警察牌和杀手牌及4个平民牌）交大家抽取。自己看自己的牌，不要让其他人知道你抽到的是什么牌。

2. 裁判开始主持游戏，众人要听从裁判的口令。

3. 裁判说：天黑了，请大家闭眼。

4. 等大家都戴好面具后，裁判说：杀手请睁眼。

5. 抽到杀手牌的2个杀手轻轻将面具摘下，辨认自己的同伴。

6. 确认完同伴后由任意一位杀手或统一意见后示意裁判杀掉某人，注意不要发出声音让别人察觉。

7. 裁判在示意确定死亡的人是谁了之后说：杀手请闭眼。

8. （稍后）裁判说：警察请睁眼。

9. 抽到警察牌的2个警察以相同的方式睁开眼睛，相互确认自己的同伴。

10. 确认完同伴后由某一个警察或警察们统一意见后指出一个其认为是杀手的人，并由裁判给出相应的手势来告知警察被指认人的准确身份。

11. （指认完成后）裁判说：警察请闭眼。

12. （稍后）裁判说：天亮了，请大家睁眼。

13. 待大家都睁眼后，裁判宣布这一轮谁被杀，同时，裁判指示被杀者留遗言。

14. 被杀者可以指认自己认为是杀手的人，并陈述理由。遗言毕，被杀者退出本局游戏，不得继续参与游戏进程。但如果其仍留在包房内，则在其他活人闭眼时亦必须闭眼，以防止影响活人正常继续游戏。

15. 裁判主持由被杀者右手边第一人开始逐一陈述自己的观点，发言必须说"过"以表示发言结束。每个人每轮只有一次发言机会，且除自己发言时间以外不得发表任何意见。

16. 发言完毕，由裁判主持投票。从本轮被杀者右手边第一个人开始进行投票，裁判叫到谁，想投票给他的人可以投票。每个人只有一次投票机会，也可弃权不投。

17. 投票完毕后，得票最多者视为被公决出局，可留遗言，然后退出本局游戏，此时，本局游戏第一轮结束。

18. 按照上述顺序进入本局第二轮游戏，同样由裁判宣布天黑闭眼，然后重复以上过程。

19. 留遗言人数与警匪人数相同。即如果是2警2匪配置，则前面2个死人（包括被杀者和被公决者）可留遗言。其后死的人没有遗言。

20. 直到某一种身份者全部出局，本局游戏结束。此时依照游戏胜负判定方法由裁判判定本局结果。

游戏胜负判定方法：

A. 杀手一方全部死去，则警察一方获胜。

B. 警察一方全部死去，则杀手一方获胜。

C. 平民全部死去为平局。

D. 平民的胜负与警察相同。即警察赢则平民为赢；警察输则平民为输。

注意：在投票过程中，如出现得最多票数者达到一人以上，则由平票者进行再一轮的发言，发言过后再对平票人进行投票，得票多的人出局；若再次出现平票，则由平票人以外的其他人逐一发言，之后投票，得票多的人出局；若仍然平票，则本局将被系统硬性判定为平局。

实训项目五：实训小组工作日志

团队名称：　　　　　　　　　　　　　　　　队长：

我对规则的理解（每人一句话）	
	签名：
	签名：
	签名：
	签名：
我的表现（每人一句话）	
签名：	
签名：	
签名：	
发泄墙（每人一句话）	
还能更好（每人一句话）	
光荣榜（亮点表彰）	

第十三章 销售顾问岗位实训项目

13.1 视觉营销技能实训

——品牌专柜认知

所属课程

《营销策划》《品牌创建与管理》《营销实务》《消费者行为学》等课程专业实训项目。

适用人群

营销人员陈列、布局专项技能。

技能用途

绝大多数品牌的商品是通过零售终端销售的，在百货卖场里，零售管理者把一类商品规划到统一的区域内销售，这叫"商品业种区"；消费者在购物时，会在同一业种的众多品牌围城的通道中行走，眼睛会浏览各个品牌，寻找感兴趣的商品。这时，如何设计专柜形象，凸显品牌标识，如何能有效吸引"消费者眼球"，让消费者在第一时间注意到自己，并增加与消费者接触的面积，延长消费者在专柜的滞留时间，就成了品牌终端设计人员的要务。掌握品牌终端的形象构成，熟悉品牌专柜的功能，掌握品牌专柜的使用方法，是对销售顾问的一项基本工作要求。

实训条件

校内实训：销售管理综合业务实训室。

校外实训：校企合作单位——维多利各门店。

二者均可。

实训课时

4 课时

实训内容

根据教学管理规定结合实际情况,该项技能实训的过程安排如下:

教学目的

通过对不同品牌形象专柜的实地考察和讲解,使学生掌握品牌形象专柜的部件构成和主要功能,并能与日常销售工作结合熟练运用,提高销售业绩。

教学设备

品牌形象教学道具,工作任务清单,资料收集夹,笔记本,笔。

教学过程

一、实操要求

(一)品牌信息专柜各结构名称及功能实训

完成任务清单一的内容。

(二)助陈品实训学习

完成任务清单二的内容。

(三)品牌形象展示方法实训

一套品牌形象专柜承载着品牌数十种乃至上百种商品的陈列展示与销售任务,是原来商业人员"三尺柜台"的延伸,通过对灯箱片的更换、助陈品的变化以及卖场氛围的营造,它可以演变出多样的品牌风格,总能和季节、假日相吻合,给顾客耳目一新的感觉。

1. 灯箱片的更换:使用必要的工具进行更换,注意灯箱片的摆放方向及平整度。
2. 助陈品的更换:参见品牌陈列指导手册。

二、操作指导

全体参加实训的学生必须严格按照实习实训有关规定执行,以免发生意外。由实训教师亲自带队讲解,如条件允许,品牌实训时请品牌方面业务人员亲自给予讲解,学生全程做记录。

三、过程演示

参见教学多媒体课件。(记录实训教学中的常见问题)

四、实训任务

1. 学生能够掌握品牌形象专柜的各部件名称、使用方法及营销功能；
2. 分别按照"秀雅韩醇臻美系列""秀雅韩海皙蓝系列""秀雅韩名仕系列"三种品牌风格变换专柜形象。

风采展示

1. ××促销活动现场展示：照片及实物
2. ××品牌促销工具展示：照片及实物

实训项目六：实训小组工作日志

任务清单一：

品牌形象专柜部件名称及功能表

部件名称	元素构成	关键问题提示	功能介绍	效果展示
LOGO 灯带	周长：	观察长宽厚度	参见课程讲义	现场展示
	高度：	请关注离地高度	参见课程讲义	现场展示
	照度：	观察射灯照度	参见课程讲义	现场展示
	材质：	观察颜色及用料	参见课程讲义	现场展示
	品牌 VI：	观察品牌标识	参见课程讲义	现场展示
展示背柜	顶部 LOGO	观察颜色及用料	参见课程讲义	现场展示
	商品展示位	观察射灯及陈列	参见课程讲义	现场展示
	品牌灯箱位	观察照度灯箱片	参见课程讲义	现场展示
	储物柜	观察部件作用	参见课程讲义	现场展示
	微型周转库	观察部件作用	参见课程讲义	现场展示
商品展示台	货柜尺寸	观察货柜尺寸	参见课程讲义	现场展示
	使用材质	观察货柜构造	参见课程讲义	现场展示
	展示容量	观察可陈列商品数量	参见课程讲义	现场展示
	特殊标志	观察助陈品的使用	参见课程讲义	现场展示

续表

部件名称	元素构成	关键问题提示	功能介绍	效果展示
特陈展示台	货柜尺寸	观察货柜尺寸	参见课程讲义	现场展示
	使用材质	观察货柜构造	参见课程讲义	现场展示
	展示容量	观察可陈列商品数量	参见课程讲义	现场展示
	特殊标志	观察助陈品的使用	参见课程讲义	现场展示
销售工作台	工作台尺寸	观察工作台尺寸	参见课程讲义	现场展示
	使用演示	功能演示	参见课程讲义	现场展示
彩装展示区	货柜尺寸	观察货柜尺寸	参见课程讲义	现场展示
	使用材质	观察货柜构造	参见课程讲义	现场展示
	展示容量	观察可陈列商品数量	参见课程讲义	现场展示
	特殊标志	观察助陈品的使用	参见课程讲义	现场展示
体验椅	尺寸与高度	亲自体验感受	参见课程讲义	现场展示

任务清单二：

助陈品实训任务清单

部件名称	元素构成	关键问题提示	功能介绍	效果展示
彩妆台				
陈列架				
化妆镜				
展示板				
亚克力架				
商品台签				
背光板				

13.2 品牌专柜陈列技能实训

所属课程

《营销策划》《品牌创建与管理》《营销实务》《消费者行为学》《商品学》等课程专业实训项目。

适用人群

该模块技能适用于：化妆品、珠宝、钟表、工艺品等奢侈品行业、选择性消费品行业、零售管理行业、商业策划行业。属于商品美陈、商业环境设计专项技能。

技能用途

《商品陈列指导手册》是各个品牌公司为不同产品系列、不同销售季节配置的一本商品专柜陈列指导手册，各家公司对于初级营销人员的要求是能够按照手册要求准确地做出陈列，保证销售的正常进行，而本次实训任务则从更深的角度入手，要求学生能自行设计常见的专柜陈列，在实际工作中，高水平营销人员应能结合周围竞品、卖场环境、季节因素、顾客特征和适销商品灵活进行商品陈列，是一项实用性很强的技能。

实训条件

校内实训：销售管理综合业务实训室。

校外实训：校企合作单位——维多利各门店。

二者均可。

实训课时

4课时

实训内容

根据教学管理规定结合实际情况，该项技能实训的过程安排如下：

教学目的

通过对几种商品陈列模板的讲解和体验，使学生掌握商品专柜陈列的原则和影响要素，并能对陈列效果做出数据评估，能按照要求自行构思设计简单的商品陈列，并能与日常销售工作结合熟练运用，提高销售业绩。

教学设备

商品陈列指导手册，工作任务清单，资料收集夹，笔记本，笔，照相机。

教学过程

一、实操要求

商品陈列是销售顾问的基本业务技能，对商品陈列的要求既有基于管理和卫生考虑的一般要求，也有基于卖场氛围营造、打造热卖（大卖）现场的视觉要求，更有基于门店客流和竞争需要的设计要求，看似简单的商品陈列技术，其中蕴含着深奥的专业技巧。

（一）标准的商品陈列指导

参见秀雅韩品牌《SR 规范陈列指导手册》内容。

（二）几种特殊陈列的学习

参见秀雅韩品牌《小样柜规范陈列指导手册》内容。

（三）商品陈列和销售业绩

参见专项科研课题报告。

二、操作指导

全体参加实训的学生必须严格按照实习实训有关规定执行，以免发生意外。由实训教师亲自带队讲解，如条件允许，品牌实训时请品牌方面业务人员亲自给予讲解，学生全程做记录。

三、过程演示

参见教学多媒体课件。（记录实训教学中的常见问题）

四、实训任务

1. 学生分组进行商品品类抽签；
2. 按照抽中的任务要求设计商品陈列的风格并阐明理由。

风采展示

1. 商品陈列指导手册
2. 特殊的商品展示课件

实训项目七：实训小组工作日志

任务清单一：

简述专柜陈列的一般工作要求

1.
2.
3.
4.

任务清单二：

请为秀雅韩"3·8"节设计一个特殊陈列。

背景选择

主题商品

促销品陈列

其他效果

任务清单三：

请为新品秀雅韩68元的洁净洗面奶设计一个特卖促销陈列。

背景选择

主题商品

促销品陈列

其他效果

13.3 商品演示技能实训

——专柜的顾客引导设计

所属课程

《营销策划》《推销理论与技巧》《营销实务》《消费者行为学》《商品学》等课程专业实训项目。

适用人群

该模块技能适用于：化妆品、珠宝、钟表、工艺品等奢侈品行业、选择性消费品行业销售人员。掌握商品知识和使用技术，为顾客进行商品使用演示的通用专项技能。

技能用途

销售顾问应该熟悉商品，但是销售人员对商品的掌握是按照顾客的使用思维来学习的，也就是说，要根据消费者心理的过程来掌握商品的特性；销售顾问在为顾客进行商品介绍时要进行商品演示，如何根据自己的商品特性和销售环境为特定顾客设计商品演示过程是对销售顾问的一项较高要求，初期按照品牌公司的要求认真落实，有足够的经验以后就应该能做到举一反三，这是销售顾问使用频率很高的一项技能。

实训条件

校内实训：销售管理综合业务实训室。

校外实训：校企合作单位——不同零售业态企业。

二者均可。

实训课时

4课时

实训内容

根据教学管理规定结合实际情况，该项技能实训的过程安排如下：

教学目的

通过对本项目理论知识和实操知识的统一讲解，让学生理解商品演示设计的依据和主要步骤，掌握商品演示话术组织公式，进行品牌公司标准的演示，并让学生分组模拟，尝试按照特定场景要求自行设计商品演示过程，以此达到掌握该项技能的教学目的。

教学设备

品牌公司商品演示课件，工作任务清单，资料收集夹，笔记本，笔，照相机，演示商品。

教学过程

一、实操要求

商品演示技术在实施时的关键是边演示边讲解，并能调动顾客的情绪和顾客进行良好的互动，最终达到激发顾客购买意愿的目的；而商品演示设计的关键是根据场景和顾客类型进行量身定制的方案设计，能够抓住顾客兴趣点突出重点，提高交易效率。

（一）"酵臻美"系列商品的演示练习——模拟分组实施

（二）"海皙蓝"系列商品的演示练习——模拟分组实施

（三）制定客户的商品演示设计并练习——分组并模拟实施

二、操作指导

全体参加实训的学生必须严格按照实习实训有关规定执行，以免发生意外。由实训教师亲自带队讲解，如条件允许，品牌实训时请品牌方面业务人员亲自给予讲解，学生全程做记录。

1. 以1对1或1对多的方式进行演练，观看演练的学员，请记录演练中流程错误和遗漏点，话术不规范处等，在演练完毕后，一起参与讨论；

2. 销售演练必须按照销售流程5~3步骤进行（参见实操教材部分），做到流程熟练，话术规范；

3. 产品推荐，必须突出产品卖点，演练之前请熟记每个系列产品的卖点、成分优势及适合人群。

三、过程演示

参见教学多媒体课件。（记录实训教学中的常见问题）

四、实训任务

1. 学生分组进行演示商品设计项目抽签；

2. 按照抽中的任务要求设计商品演示过程并模拟演示。

风采展示

1. LG 公司商品演示课件
2. 现场观摩——某公司销售冠军销售演示录像

实训项目八：实训小组工作日志

任务清单一：

请根据你观察的品牌专柜实际情况,判断其主展示面是哪里？如何在主展示面进行销售设计？为什么？

1.
2.
3.

任务清单二：

当顾客购买兴趣产生后,如何合理引导其深度需求？如何设计？为什么？

1.
2.
3.

任务清单三：

面对大额购物决策,如何才能让顾客坚定购买决心？如何设计？为什么？

1.
2.

任务清单四：

为了满足顾客一站式购齐需求,应做何设计？为什么？

1.
2.

任务清单五：

如何帮助顾客快速地进行购买决策,促销活动应如何设计？为什么？

1.
2.
3.

任务清单六：

在交易结束时应重点做好哪些事情？为什么？

1.
2.

13.4 销售话术设计技能实训

所属课程

《营销策划》《推销理论与技巧》《营销实务》《消费者行为学》《销售管理实务》等课程专业实训项目。

适用人群

该模块技能适用于：化妆品、珠宝、钟表、工艺品等奢侈品行业、选择性消费品行业销售人员，属于合理设计销售语言以提高销售效率的专项技能。

技能用途

销售话术设计技能的作用体现在销售顾问销售的全过程，如何提高销售效率，缩短成交时间，有效组织语言形成漏斗信息，有效提高客单价这一系列问题都可以通过设计销售语言而提高实现的可能性，是一项非常实用的销售技能。

实训条件

校内实训：销售管理综合业务实训室。

校外实训：校企合作单位——维多利各门店。

二者均可。

实训课时

4课时

实训内容

根据教学管理规定结合实际情况，该项技能实训的过程安排如下：

教学目的

通过对"黄金五问""漏斗语言"技术的学习（参见营销实务实操教材），使学生熟练掌握销售话术的组织公式，并通过不断模拟演练达到运用自如的境界。

教学设备

话术组织公式卡片，工作任务清单，资料收集夹，笔记本，笔，照相机。

教学过程

一、实操要求

学会说"销售语言"是对销售顾问工作技能的一项基本要求，能说会道也是很多初入职员工梦寐以求想要达到的境界，销售中的"说"，不同于闲聊和说教，它是一种诱导技术，每一次话术组织、每一次谈话时机的把握、每一句措辞都有其深深的用意，这些就是要求大家掌握的基本销售话术组织技能。

（一）漏斗语言设计话术组织训练

（二）黄金五问话术设计技术训练

（三）连带销售话术设计技术训练

二、操作指导

全体参加实训的学生必须严格按照实习实训有关规定执行，以免发生意外。由实训教师亲自带队讲解，如条件允许，品牌实训时请品牌方面业务人员亲自给予讲解，学生全程做记录。

三、过程演示

参见教学多媒体课件。（记录实训教学中的常见问题）

四、实训任务

1. 学生分组进行商品销售场景抽签；
2. 按照抽中的任务要求设计销售话术并演练。

风采展示

1. 品牌公司话术组织指导课件；
2. 资深销售人员推销视频。

实训项目九：实训小组工作日志

任务清单一：

基于指定的商品设计漏斗话术，迅速判断顾客的临柜意图。

1.

2.

3.

任务清单二：

基于指定的商品运用"黄金五问"话术技术，判断顾客的购买意愿。

1.

2.

3.

4.

5.

任务清单三：

基于指定的商品设计话术，尝试为自己增加连带销售机会。

1.

2.

3.

任务清单四：

基于指定的商品合理设计话术，迅速判断顾客的异议所在。

1.

2.

3.

任务清单五:

基于指定的商品设计销售话术,迅速促成顾客成交。

1.
2.
3.

13.5 销售业务技能实训
——柜务处理技能实训

所属课程

《营销实务》《市场调查与预测》《服务营销实务》等课程专业实训项目。

适用人群

零售业基层导购和业务人员。

技能用途

销售业务从票据处理角度来看,就是一个紧密联系的闭路环节,销售票据的开具和处置不仅包含了常用业务技能,还对信息统计与收集有极大帮助,熟练掌握各类票据的添置要求,熟练开出票据,熟练运用票据流转程序(系统),是对导购和业务人员基本工作技能的要求。

实训条件

设备设施:可容纳40人左右的校内实训室;

指导人员:实训教师,企业兼职实训教师。

实训课时

6课时

实训内容

根据教学管理规定结合实际情况,该实训项目的过程安排如下:

教学目的

通过特定业务的练习，使学生熟练掌握销售小票、销售日记账、款台对账单、盘点表的填制方法，并为下一专题的开设奠定基础。

教学设备

三联销售小票按人均 5 份，销售日记账 40 张，款台缴款单（款台对账单）40 张，商品盘点表 40 张，多媒体设备、白板及笔。

教学过程

一、实训要求

（一）票据处理要务

1. 讲解各类票据作用和填制要求。
2. 讲解票据流转程序和衔接要求。
3. 布置实操任务。
4. 现场指导学生表格填制，并展示学生工作成果。
5. 讲解和票据有关的零售统计分析业务。

（二）实训纪律及要求

1. 考勤纪律

A. 每班务必保证实训人数，学生自带圆珠笔，完成整个实训流程，严禁迟到、早退和旷课。

B. 以班级为单位共同进场退场，如无工作任务严禁在场内滞留。

C. 班长和学委做好出勤记录。

2. 学习纪律

A. 遵守学习记录认真准备专任教师布置的实训任务；

B. 不得干扰会场正常秩序，不得以任何理由做有损专业形象的事情；

C. 服从主持人的统一安排和调遣。

3. 实训任务

A. 销售小票一式几份？各有什么作用？

B. 缴款单如何填制？有何作用？

C. 销售日记账有何作用？如何填写？

D. 商品盘点表有何作用？如何填写？

二、理论及实践指导

参见理论和实践教学内容。

三、最佳案例展示

风采展示

1. 实训中的学生：照片。
2. 最佳业务处理评比：节选学生创作作品。
3. 专家介绍：企业实训讲师简介。

实训项目十：实训小组工作日志

任务清单一：

结合实训项目一，设计制作商品要货清单。

任务清单二：

结合实训项目一，设计制作商品日销售清单。

任务清单三：

结合实训项目一，设计制作商品销售对账单。

任务清单四：

结合实训项目一，设计制作商品盘点表。

13.6 售后服务技能实训
——商品退换实训

所属课程

《商务礼仪》《商务沟通》《营销实务》等课程专业实训项目。

适用人群

百货店、专业店、专营店、大型超市等业态的一线销售、导购类岗位员工适用。

技能用途

零售企业导购人员在日常工作中，经常会遇到因为各种原因前来退换商品的顾客，其中绝大多数是因为对商品不熟悉、不喜欢甚至是遇到了质量问题，因此顾客此刻的心情比较急躁；导购人员因为涉及自身的利益和各种相关规定，处理退换货时很难做到像销售时那样努力让顾客满意。因此掌握如何按照各种规定灵活地处理顾客退换货（或投诉）的技能，从而实现既不违规又要令顾客满意的结果就至关重要；从使用频率来看，该项技能每个导购都会在日常工作中遇到，属于工作必备技能；从工作任务的角度来看，一次成功的事故处理能挽留一个顾客，提高品牌（企业）形象，相反，如果处置不当，会为企业带来恶劣影响，所以该项技能属于目标岗位的一项关键技能。

实训条件

校内实训：商务礼仪实训室。

校外实训：校企合作单位——维多利各门店。

二者均可。

实训课时

4课时

实训内容

根据教学管理规定结合实际情况,该项技能实训的过程安排如下:

教学目的

通过模拟若干类商品在不同情况下的退换货情景,让学生掌握常见商品在退换货时沟通处理的技能。

教学设备

《消费者权益保护法》、各类销售票据和产品三包证书、鞋、化妆品、服装等道具商品、办公桌椅、饮用水等。

教学过程

一、实操要求

（一）情景设计

1. 一个比较内向的老人买到了尺码不一样的一双鞋子,前来退货,票据齐全,鞋是新的没穿过,老人情绪比较平稳。

2. 一个中年妇女拿别人送给女儿的衣服来换货,因为尺寸不合适,没有销售小票只有售后票据,衣服是新的没穿过,顾客比较新潮,挑剔,具有较强消费能力。

3. 一男一女前来退用过的化妆品,因为该产品让女同志脸部过敏（现在只可见不明显的红斑）,没有任何票据,产品已经打开使用,来人情绪比较激动。

（二）角色设定

1. 四名顾客、三名导购、三名主管,要求吃透角色,尽量贴近生活演绎。

2. 根据有关管理规定,明确各自的权利和义务,准备沟通台词。

3. 指导教师和其他学生根据其各自表现给予实训打分。

（三）消费者权益保护法

第二十三条　经营者提供商品或者服务,按照国家规定或者与消费者的约定,承担包修、包换、包退或者其他责任的,应当按照国家规定或者约定履行,不得故意拖延或者无理拒绝。

第四十条 经营者提供商品或者服务有下列情形之一的，除本法另有规定外，应当依照《中华人民共和国产品质量法》和其他有关法律、法规的规定，承担民事责任：

（一）商品存在缺陷的；

（二）不具备商品应当具备的使用性能而出售时未作说明的；

（三）不符合在商品或者其包装上注明采用的商品标准的；

（四）不符合商品说明、实物样品等方式表明的质量状况的；

（五）生产国家明令淘汰的商品或者销售失效、变质的商品的；

（六）销售的商品数量不足的；

（七）服务的内容和费用违反约定的；

（八）对消费者提出的修理、重作、更换、退货、补足商品数量、退还货款和服务费用或者赔偿损失的要求，故意拖延或者无理拒绝的；

（九）法律、法规规定的其他损害消费者权益的情形。

第四十一条 经营者提供商品或者服务，造成消费者或者其他受害人人身伤害的，应当支付医疗费、治疗期间的护理费、因误工减少的收入等费用，造成残疾的，还应当支付残疾者生活自助具费、生活补助费、残疾赔偿金以及由其扶养的人所必需的生活费等费用；构成犯罪的，依法追究刑事责任。

（四）鞋类商品退换货规定（准予退换条件）

1. 符合《产品质量法》《消费者权益保护法》和三包有关退换货规定的。

2. 商品质量不符合国家规定的质量、计量、标准、卫生、安全等要求的。

3. 鞋类商品因质量问题符合相应的"三包"规定应退换的。

4. 发货错误或货物被损：当您收到您订购的商品时，请立即当着送货人员的面打开检查。如果发现发货错误或商品破损，请您将该货物退还给我们的工作人员。我们会为您更换，或全额退款。

5. 商品出现质量问题：当您购买的商品在购买 30 日内出现质量问题（有可鉴定之处），有原始购买凭证，您可以与我们联系办理退/换。（鞋类商品按三包规定退换）

6. 无原因退货：一般商品在顾客购买 7 日内不满意，保持商品原样（包括商品吊牌等标识），未经使用，包装完好，不脏不残，不影响第二次销售的商品。

（五）服装类商品退换货规定

参见鞋类商品规定。

（六）化妆品退换货规定（以 DHC 为例）

商品退换条件：

★开封商品不能退换货：购买护肤品时，部分商品附送试用装。收到商品后，请先使用试用装，之后再开封商品外包装盒。不受理包装盒已被开封的商品的退换货。（商品外包装盒上圆形的透明封装胶纸已被撕开即视为开封）

★退回优惠活动时购买的商品时，请将赠品一并退回。若赠品已使用，需照商品价折算。

★为便于及时为您办理 DHC 化妆品退换货，请务必将购物清单随所需退换的商品一并退回，以防止因无法确认退回人的信息而致使处理延迟。

商品退换受理期限：未开封商品在送达后 8 日之内。（仅限一次）

商品退换受理程序：如需退换货，务必事先与售后服务中心联系。

商品退换运费规定：因顾客自身原因退换货时，由顾客承担商品退回时的邮资和再次发送时的运费。因顾客拒收、长期不在等原因导致商品被邮局或快递公司退回时，由顾客承担 12 元运费（含包装费）。再次发送时免运费。

组合套装的退换货：DHC 化妆品组合套装不可退换其中的部分产品。

特价商品一律不可退换货。

积分兑换的礼品，不退不换。

仅受理会员本人的退换货，他人代办一概不受理。

退换货寄送方式：顾客退回商品时，请使用邮政包裹、快递等有收据的方式寄回，并保管好收据。如使用不可查询的邮寄手段退货，发生商品遗失、破损、误送等情况，本公司不承担责任，敬请谅解。

因顾客自身原因要求退换货，手中留有的商品金额小于 250 元，须扣除首次发送商品的 12 元运费。

★DHC 特价商品一经售出无论开封与否不退不换。

二、操作指导

根据时间情况选择若干学生（不得低于该班级总人数的 40%）分别进行实际体验，指导教师及时给予指导。该项实训比较复杂,要用到市场营销的各种专业知识。

1. 消费者行为学(营销心理学)知识:要求学生在模拟顾客时能结合专业知识设定符合角色特征的沟通方式。

2. 营销实务知识:要求学生能准确按照各种规定结合实际情况做出处理判断。

3. 商务礼仪知识:要求负责接待和处理问题的学生能够讲究礼仪,不卑不亢,张弛有度。

4. 商务沟通知识:要求学生能根据情况变化及时巧妙变化沟通方式,寻求最佳解决方案,化被动为主动,化怨气为满意,并争取实现再次销售。

三、沟通流程演示(记录实训教学中的常见问题)

按照标准流程以流程图的方式呈现。

实训项目十一:实训小组工作日志

任务清单一:

基于情景1的情况,设计处理过程

顾客表现和诉求

_____

_____

销售顾问应对策略

_____

_____

销售主管应对策略

___

任务清单二：

基于情景2的情况，设计处理过程

顾客表现和诉求

___

销售顾问应对策略

___

销售主管应对策略

___

任务清单三：

基于情景3的情况，设计处理过程

顾客表现和诉求

___

销售顾问应对策略

___

销售主管应对策略

___

第十四章 柜长（店长）岗位实训项目

14.1 销售计划编制技能实训

所属课程

《营销策划》《品牌创建与管理》《营销实务》《销售管理》《企业管理》等课程专业实训项目。

适用人群

该模块技能适用于：化妆品、珠宝、钟表、工艺品等奢侈品行业、选择性消费品行业门店管理人员，属于基础业务管理技能。

技能用途

根据前期销售记录，结合当期业务增长要求，合理分解编制销售任务，并分解到个人形成销售任务指标下达，是基层营销管理人员的一项必备技能。

实训条件

校内实训：销售管理综合业务实训室。

校外实训：校企合作单位——各品牌销售公司。

二者均可。

实训课时

4课时

实训内容

根据教学管理规定结合实际情况，该项技能实训的过程安排如下：

教学目的

通过对实训项目中给出的条件和说明，能按照标准合理编制当季销售任务，并能陈述理由，通过现场答辩与讨论达到提高任务分解（编制）技能的目的。

教学设备

案例资料，工作任务清单，资料收集夹，笔记本，笔，照相机。

教学过程

一、实操要求

案例：LG秀雅韩某卖场专柜共有员工5人，其中店长一名上正常班，王某、贾某一个班；蔡某、张某一个班，下表是上一年度该专柜的任务计划和完成情况：

秀雅韩专柜年度任务执行情况　　　　　　　　　　（单位：万元）

月份	1	2	3	4	5	6
计划任务	25	18	9	16	14	20
实际完成	24	4	21	17	16	17
完成比	96%	22%	233%	106%	114%	85
活动天数	5	0	4	0	3	0
活动占比	48%	0	50%	0	12%	0

秀雅韩专柜年度任务执行情况　　　　　　　　　　（单位：万元）

月份	7	8	9	10	11	12
计划任务	14	14	36	20	11	47
实际完成	6	15	44	18	3	23
完成比	43%	107%	122	82%	27%	49%
活动天数	0	0	5	3	0	0
活动占比	0	0	25%	12%	0	0

上表中，活动天数是指每月中公司搞促销活动的天数，活动占比是指搞活动期间销量在

全月中的占比。

（一）受到公司网购影响，本年度任务量保持在上一年度的90%，请你分解本年度月度销售任务。

（二）公司推出了和个人销售业绩挂钩的绩效考核办法，请将每月销售任务量化到个人身上，并分析此举的利弊，提出相应解决办法。

（三）请设计本年度每月的促销活动天数，并制定活动期间的计划销量。

二、操作指导

学生分组完成本项目制定任务，并委托专门代表发言陈述理由，可以参考营销实务实操教材中的指南，并可以和指导教师探讨完成，任务编制工作请于1课时内完成。

三、过程演示

参见教学多媒体课件。（记录实训教学中的常见问题）

四、实训任务

1. 学生分组进行；
2. 分别阐述理由并回答提问。

风采展示

1. 销售任务编制指导课件；
2. 品牌公司年度销售任务和实际销售完成销售报表。

实训项目十二：实训小组工作日志

任务清单一：

请为该专柜制定今年的月度销售任务，并根据上一年度情况，尽量使每个月完成率接近。

任务清单二：

请为专柜销售顾问制订周工作计划，要求指标可考核。

任务清单三：

结合化妆品各月销售的实际情况，制订下一年度促销计划，并估算促销期间销量。

14.2 情报收集

——市场调研与分析技能实训

所属课程

《市场调查与预测》《营销策划》《广告策划》《营销实务》等课程专业实训项目。

适用人群

适用于熟悉市场环境、收集市场信息、分析营销效果指标等项技能的训练。

技能用途

在市场营销人员工作和学习的过程中，绝大多数人首先接触到的是一个已经在市场运作了若干时间的品牌，如何科学地了解该品牌所处的市场周期、周围市场环境以及面临的主要问题是一个非常现实又实用的工作要求。本次技能实训的作用正在于此，通过对特定诊断品牌的确定，按照"3C分析法"的思路利用关键指标表格工具，引导学生科学有步骤地训练和完成此项工作技能。本项技能同时适用于行业中初次入职员工的工作训练。

实训条件

校内实训：营销策划实训室或普通教室。

校外实训：校企合作基地、品牌门店或品牌销售公司及现实市场环境。

二者缺一不可。

实训课时

8课时

实训内容

通过让学生对指定调研对象的熟悉和了解，帮助他们学习和掌握市场信息的获取技巧，练习市场主要评价指标的评价分析方法，进行相对全方位的品牌市场诊断，从而为科学熟悉市场、明确策划问题奠定基础：

教学目的

市场调研和分析技能实训。

教学设备

笔记本、纸、相机、计数器、隐蔽式摄录机、录音设备等。

教学过程

一、实操要求

（一）宣布本次实训要求

实训准备

1. 由教师联系校企实训基地的某些品牌门店，要求能配合学生收集必要数据、经营稳定、在行业中有一定知名度、各品牌在行业中分布均匀，尽量能满足学生偏好。

2. 规定任务分工和工作的执行标准。

3. 明确实训纪律和实训学习要求。

（二）品牌与小组对接

对接单位

接待品牌所在地点及联系人一览表

品牌地点分布及联系人

品牌名称	门店地点	联系人	联系电话	备注

（三）市场信息收集要求

1. 品牌基本情况（企业分析）

完成任务清单一至清单四的内容。

2. 竞争者分析

完成任务清单五至清单七的内容。

3. 顾客分析

完成任务清单八至清单九的内容。

4. 潜在购买人群分析（结论）

二、操作指导

全体参加实训的学生必须严格按照实习实训有关规定执行，要突出效率意识，避免意见不统一延长工作时间。由实训教师亲自带队讲解，如条件允许，先展示有特色的一系列案例，要求学生全程做实训记录（参见实训教学手册的填制内容）。

三、过程演示

参见 PPT 内容提示，教学问题及总结待定。（记录实训教学中的常见问题）

四、理论回顾

参见理论与实践部分。

风采展示

1. 市场诊断案例学习
2. 学生团队作品展示

实训项目十三：实训小组工作日志

任务清单一：

门店分布及主要位置分析

序号	所在卖场	专卖楼层位置	所处位置	占地面积	分析结论

任务清单二：

产品及价格带分析

产品系列	产品名称	零售价格	上市时间	市场表现	分析结论

任务清单三：

主要促销形式分析

序号	活动内容	推出时间	活动效果	持续时间	分析结论

任务清单四：

经营绩效分析

任务类型	总量	完成比	同期增量	门店间比率	分析结论
年销售任务					
月销售任务					
会员达成任务					
新品推广任务					
分析结论					

任务清单五：

主要竞争对手及分布

竞品	所在卖场	专卖楼层位置	所处位置	占地面积	分析结论

任务清单六：

竞争要素比较分析

竞品	类似单品	价格带	促销活动	核心卖点	分析结论

任务清单七：

经营绩效指标比较分析

任务类型	总量	完成比	同期增量	门店间比率	分析结论
月销售任务					
日销售任务					
会员达成任务					
新品推广任务					
分析结论					

任务清单八：

细分市场静态分析

年龄结构	占比	职业特征	占比	居住地特征	占比

任务清单九：

购买行为指标分析

日均客单数		平均客单价		连带系数	
结账方式		购物结伴情况		礼盒占比	
……					

14.3 促销活动布置技能实训

所属课程

《营销策划》《品牌创建与管理》《营销实务》《销售管理》等课程专业实训项目。

适用人群

该模块技能适用于：化妆品、珠宝、钟表、工艺品等奢侈品行业、选择性消费品行业门店管理人员，属于基础业务管理技能。

技能用途

据统计实体店铺每年搞活动天数达 90 天，活动期间销售占比为全年总销量的 50% 以上，可见在实体店铺销售过程中"搞活动"已是一种工作常态，营销策划人员的活动方案出台以后，如何实施的任务就落到了门店店长的头上，本次项目训练就是按照标准要求提高相关人员的活动落实技能。

实训条件

校内实训：销售管理综合业务实训室。

校外实训：校企合作单位——各品牌公司。

实训课时

4 课时

实训内容

根据教学管理规定结合实际情况，该项技能实训的过程安排如下：

教学目的

通过给定的促销策划活动方案提示，请按照任务清单依次完成任务的分工，确保促销活动能够顺利进行。

教学设备

案例资料，工作任务清单，资料收集夹，笔记本，笔，照相机。

教学过程

一、实操要求

案例：值此"3·8"节来临之际，秀雅韩专柜准备搞一次大型促销活动，细则如下：

请按照任务清单完成活动工作的分工,最后按照完成标准打分评定等级。

1. 基本材料准备:专柜氛围布置、货品、赠品储备;
2. 销售人员促销任务分解,包括邀约任务、接待任务和达标任务三级;
3. 相关的活动申请和广告信息发布筹备;
4. 费用预算清单,并计算活动的刺激规模。

二、操作指导

学生分组完成本项目制定任务,并委托专门代表发言陈述理由,可以参考营销实务实操教材中的指南,并可以和指导教师探讨完成,任务编制工作请于2课时内完成。

三、过程演示

参见教学多媒体课件。(记录实训教学中的常见问题)

四、实训任务

1. 学生分组进行;
2. 分别阐述理由并回答提问。

风采展示

1. 促销活动布置指导课件
2. 品牌公司促销活动现场视频

实训项目十四:实训小组工作日志

按照下列关键词提示完成促销方案设计任务

一、活动目的

二、活动对象

三、活动主题

1. 确定活动主题。
2. 包装活动主题。

四、活动方式

这一部分主要阐述活动开展的具体方式。有三个问题要重点考虑：

1. 确定伙伴。
2. 确定刺激程度（诱因量）。
3. 选择工具。

五、活动时间和地点

六、广告配合方式

七、前期准备

八、中期操作

九、后期延续

十、费用预算

十一、意外防范

十二、效果预估

14.4 销售分析技能实训

所属课程

《营销策划》《推销理论与技巧》《营销实务》《销售管理》等课程专业实训项目。

适用人群

该模块技能适用于：化妆品、珠宝、钟表、工艺品等奢侈品行业、选择性消费品行业门店管理人员，属于基础业务管理技能。

技能用途

数据分析技术是营销人员获取市场信息、解读绩效变化、衡量销售人员业绩高低的必备技能。在电商时代，传统的数据分析技术正在逐步被大数据分析技术所取代。虽然二者在数据源信息获取、信息处理方式上有较大差异，但是所遵循的需求原理是一致的。那就是数据分析的目的都应该为营销任务服务，该项技能是市场营销领域的一项实用性技能。

实训条件

校内实训：销售管理综合业务实训室。

校外实训：校企合作单位——各品牌公司。

实训课时

4课时

实训内容

根据教学管理规定结合实际情况，该项技能实训的过程安排如下：

教学目的

通过给定的促销策划活动结果提示，请按照任务清单依次完成任务的分工，为本次促销活动作出科学、客观、清晰的评价。

教学设备

案例资料，工作任务清单，资料收集夹，笔记本，笔，照相机。

教学过程

一、实操要求

案例：秀雅韩国庆节促销结束后，店长把主要数据编辑并汇总如下：

表14－1：国庆7天促销活动销售数据

日期	目标	销量	成交人数	新客数	新客销量	新客销量占比
9.30	15000	10240	3	0	0	0
10.1	15000	27860	19	3	5540	20%
10.2	15000	12490	11	2	2630	21%
10.3	15000	14625	11	5	8695	59%
10.4	22500	10975	9	3	3595	33%
10.5	22500	16275	14	1	3440	21%
10.6	22500	20935	10	2	5980	29%
10.7	22500	55600	22	3	39040	70%
合计	150000	169000	99	19	68920	41%

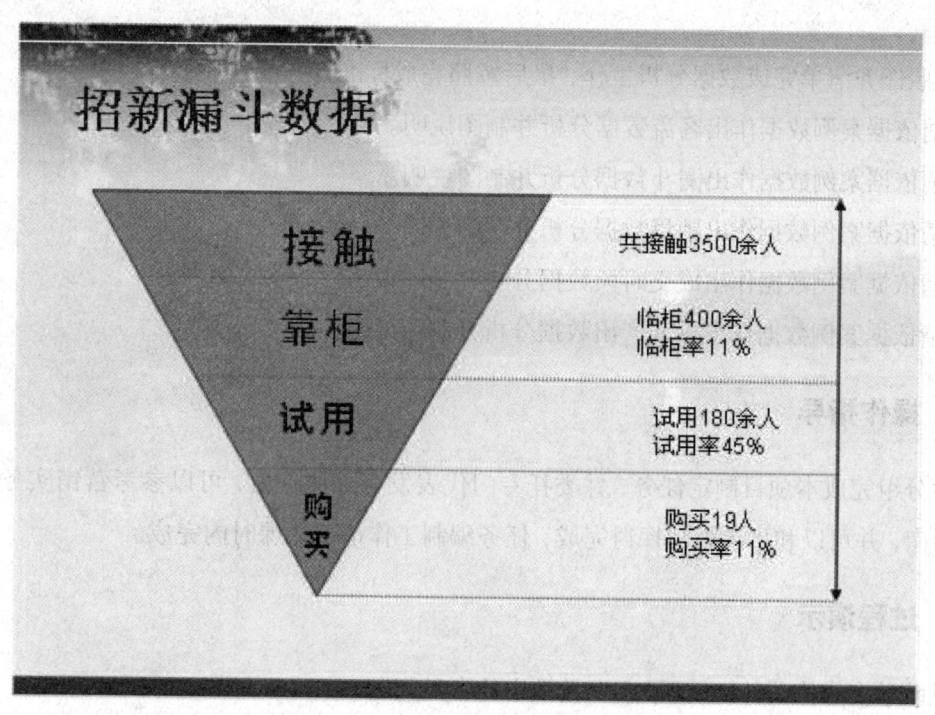

图14－1：活动期间客流分布情况

表14-2：销售顾问销售任务一览表

BA 姓名		9.30	10.1	10.2	10.3	10.4	10.5	10.6	10.7	个人目标合计
朱	销售目标	5000元		5000元	5000元	7500元	7500元	7500元	7500元	50000元
	招新目标	2	2	2	2	2	2	2	2	16
任	销售目标	5000元	5000元	5000元	5000元	7500元	7500元	7500元	7500元	50000元
	招新目标	2	2	2	2	2	2	2	2	16
史	销售目标	5000元	5000元	5000元	5000元	7500元	7500元	7500元	7500元	50000元
	招新目标	2	2	2	2	2	2	2	2	16

请按照任务清单完成数据分析工作，最后按照完成标准打分评定等级。

1. 请依据案例数据作出客流数据分析并制图说明。
2. 请依据案例数据作出漏斗数据分析并制图说明。
3. 请依据案例数据作出销量数据分析并制图说明。
4. 请依据案例数据作出成交时段数据分析并制图说明。
5. 请依据案例数据作出投入产出数据分析并制图说明。

二、操作指导

学生分组完成本项目制定任务，并委托专门代表发言陈述理由，可以参考营销实务实操教材中的指南，并可以和指导教师探讨完成，任务编制工作请于2课时内完成。

三、过程演示

参见教学多媒体课件。（记录实训教学中的常见问题）

四、实训任务

1. 学生分组进行；
2. 分别阐述理由并回答提问。

风采展示

1. 促销活动布置指导课件
2. 品牌公司促销活动现场视频

实训项目十五：实训小组工作日志

任务清单一：

请依据案例数据作出客流数据分析并制图说明。

任务清单二：

请依据案例数据作出漏斗数据分析并制图说明。

任务清单三：

请依据案例数据作出销量数据分析并制图说明。

任务清单四：

请依据案例数据作出成交时段数据分析并制图说明。

任务清单五：

请依据案例数据作出投入产出数据分析并制图说明。

读者反馈意见

亲爱的读者：

　　感谢您对《市场营销实务》的学习和热爱！为了今后能给您提供更优质的服务，请您抽出宝贵时间填写下面意见反馈表，以便我们更好地对本教材做进一步的改进。同时如果您在使用本教材的过程中遇到了什么问题，或者有什么好的建议，也请您来信、来电告诉我们。

　　地址：北京市丰台区科学城南极星大厦108室　　邮编：100070
　　电话：010-61229894/83794403
　　电子邮箱：2568858787@qq.com　　QQ：649319527　1694299827

教材名称：《市场营销实务》
个人资料：
姓名：_____ 年龄：_____ 所在院校/专业_____
文化程度：_____ 通讯地址：_____
联系电话：_____ 电子信箱：_____
您使用本书是作为：□指定教材、□选用教材、□辅导教材
您对封面设计的满意度：
□很满意、□满意、□一般、□不满意　改进建议_____
您对本书印刷质量的满意度：
□很满意、□满意、□一般、□不满意　改进建议_____
您对本书的总体满意度：
从语言质量角度看：□很满意、□满意、□一般、□不满意
从科技含量角度看：□很满意、□满意、□一般、□不满意
本书最令您满意的是：
□指导明确　□内容充实　□讲解详尽　□实例丰富
您认为本书在哪些地方应进行修改？（可附页）
_____
_____
您希望本书在哪些方面需进行改进？（可附页）
_____
_____